Warum man ein

MW01518886

Jürgen Kaiser

Warum man einen Schwaben zum Freund haben sollte

Streifzüge durch die schwäbische Mentalität

Edition
Gemeindeblatt

Bibliografische Information der Deutschen Bibliothek:
Die Deutsche Bibliothek verzeichnet diese Publikation in der Deutschen Nationalbibliografie; detaillierte bibliografische Daten sind im Internet über http://dnb.ddb.de abrufbar

Copyright © 2007, Verlag und Buchhandlung der Evangelischen Gesellschaft GmbH, Stuttgart. Edition Gemeindeblatt.
Augustenstr. 124, 70197 Stuttgart, Telefon 0711 60100 0, Fax 60 100 76
www.verlag-eva.de

Alle Rechte vorbehalten.

Typografie und Satz: Rudi Kern, Kirchheim / Teck
Umschlaggestaltung und Illustration: Uli Gleis, Ludwigsburg
Druck: Maisch & Queck, Gerlingen

ISBN 978-3-920207-20-9

Inhalt

Vorwort

Warum man einen Schwaben zum Freund haben sollte

Freunde in der Not gehen Hundert auf ein Lot!«, so hieß es schon im Mittelalter. Weil jeder schon mal diese Erfahrung gemacht hat, wurde eine allgemeine Spruchweisheit daraus.»Ein Freund ist ein Mensch, der Dich mag, obwohl er Dich kennt« und deshalb auch zu Dir hält, wenn du mal wieder eine Dummheit begangen hast. Besser lässt sich eine Freundschaft nicht beschreiben.

Über die Schwaben gibt es viele Vorurteile. Sie sind natürlich alle falsch und stimmen irgendwie trotzdem. Denn es ist kein Problem einer Schwäbin oder einem Schwaben zu begegnen, die oder der all diese Vorurteile bestätigt. Mit offenen Augen trifft man jedoch immer auch auf das Gegenteil. Weil der Mensch aber nur sieht, was er sehen will – schließlich will sich niemand in Frage stellen, sondern immer nur bestätigen lassen –, halten sich eben die Vorurteile. Sie sind ja auch zu schön.

An Schwaben kommt man schlecht ran – außer man kennt ihren Charakter und weiß, wo ihre schwachen, also offenen Seiten sind. Für diese Stellen möchte das Buch den Blick schärfen. Hat man nämlich einmal das Herz eines Schwaben gewonnen, dann für immer. Ein Schwabe ist ein treuer Freund, loyal, großherzig und offen. Also genau das Gegenteil seines Images. Wobei noch einmal betont sei, dass dieses Image auch stimmt. Denn der Schwabe vermag in idealer Weise Gegensätzliches, sich sogar Ausschließendes, in sich harmonisch auszuhalten und miteinander zu versöhnen. Unfassbar? Dann lassen Sie sich mal auf eine Schwäbin und einen Schwaben ein. Verblüffende Entdeckungen und Erkenntnisse warten auf Sie.

Um Schwaben zu lieben, muss man sie verstehen. Deshalb wird hier erst mal von der Freundschaft geschrieben, vor den wichtigsten Fettnäpfen gewarnt und kulturelle Hintergründe genannt. Das alles aufgelöst in vielen kleinen Artikeln, die zum größten Teil in »konsequenzen«, der Zeitschrift des Diakonischen Werkes Württemberg, erschienen sind.

Mein Dank gehört meinem Verleger und schwäbischen Freund, Bernd Friedrich, der mich zu diesem Buch ermutigt hat, dem Lektor Felix Reichenhaller, der die Texte liebevoll begleitet und redigiert hat, meiner Frau Christine, die entweder noch in der Nacht oder morgens zum Frühstück als Erste die Werke kritisch betrachtet hat sowie Otto Schaaf, dem ehemaligen Landesbauernpfarrer der Landeskirche. Er, Sohn eines Pferdehändlers, kennt die Schwaben wie kaum einer und machte mich immer wieder auf Besonderheiten – »Medella« – unserer Sprache und Kultur aufmerksam. Ein Tritt mit seinem Holzfuß hat mir einmal meine kirchliche Zukunft gerettet.

Und warum sollte man nun einen Schwaben zum Freund haben? Weil es keinen besseren Freund gibt. Möge das Buch Hindernisse auf dem Weg zu schwäbischen Freundschaften beiseite räumen helfen.

Stuttgart, im Sommer 2007 *Jürgen Kaiser*

Du bischd a rechter Fraind ...

[du: biːschd a rɛchtɐ fraind]

Wie man einen Schwaben zum Freund gewinnt

Schwaben sind maulfaul. Wer nichts sagt, sagt auch nichts Falsches. Erst mal nachdenken, bevor man den Mund aufmacht. Und beim Nachdenken erst mal die gewonnene Erkenntnis in Frage stellen, bevor man sie ausspricht. Hegel hat das bis zur Perfektion getrieben, machte die Dialektische Methode daraus und wurde Preußens Staatsphilosoph. In seinem Berliner Seminar soll er aber so stark geschwäbelt haben, dass Teile seiner Studenten ihn wegen seines Dialekts nicht verstanden – andere verstanden ihn nicht, weil seine Lehren ihnen schlicht zu hoch waren.

Kleine Beobachtungen im täglichen Umgang bestätigen die Maulfaulheit. Tritt ein Schwabe einem Mitmenschen in der Straßenbahn auf den Fuß und sagt »Hoppla«, ist das gemeinhin schon eine überschwängliche Entschuldigung. »Oh jerum!«, soll die Wirtin eines Gasthofes auf der Schwäbischen Alb gesagt haben, »jetzt han i' blos vier Tisch frei und da kommet fünf Schduagerter!«. Schwaben sitzen eben gerne alleine und nicht zu anderen an den Tisch. Da müsste man ja mit anderen reden. Schlagartig zeigt sich dann jedoch auch das völlige Gegenteil: Wer je eine »Hocketse« – also ein Dorffest – erlebt hat, weiß von einer großen »Drucketse« zu berichten, wo jeder mit jedem spricht. Oder gar in einer Besenwirtschaft. Von wegen maulfaul und nicht an einen Tisch sitzen.

Schwaben sind eben beides: maulfaul und kommunikativ. Das ist ihr Nationalcharakter.

Ein Schwabe redet aber auch deshalb wenig, weil er misstrauisch ist. Wenn man jahrhundertelang in einem bettelarmen Land lebte – Württemberg hat keine natürlichen Bodenschätze –, das noch von jeder Armee plündernd, raubend und mordend durchzogen wurde, wird Skepsis zum Teil des Charakters. Besonders gegenüber Fremden. Und ganz besonders gegenüber Fremden, die dreifach so schnell reden wie man selbst – also gegenüber Norddeutschen. Vor allem gegenüber Preußen. »Bevor i blos Wurschd g'sait han, hat se der scho g'fressa.«

Württemberg war zwar im 19. Jahrhundert für ein geeintes Deutsches Reich, aber nicht für die preußische Vorherrschaft. Deshalb kämpfte man an der Seite der Österreicher 1866 gegen die Preußen. Von diesem Misstrauen zeugt noch heute der alte schwäbische Spitznamen für die Preußen: »Dia mit dem groaßa Vadderland« werden sie genannt. Und dann erst die beiden Wilhelms. Kaiser Wilhelm II konnte König Wilhelm II nicht leiden – und umgekehrt. Dem Schwaben war das Waffengetöse und Großsprecherische aus Berlin zu viel – »Säbelrassler« wurde der Deutsche Kaiser am Stuttgarter Hof hinter vorgehaltener Hand genannt, auch vom König. »Pazifist und Feigling« nannte der Hohenzoller den Stuttgarter und wollte ihn 1916 sogar durch einen Staatsstreich absetzen, weil der König von Württemberg nichts gegen die sozialdemokratischen Gewinner der Landtagswahl unternommen hatte und sie sogar im Schloss empfing. Da ging dem Berliner die Pickelhaube hoch.

Misstrauen also überall. Dazu muss man wissen, dass Württemberg ab 1612 ein totaler Überwachungsstaat war. Schwaben war einmal das lustigste, festfreudigste Volk in Deutschland. Das Mittelalter hat es noch bezeugt. Dann kam es zur Reformation und nachfolgend zum Pietismus. Sittenstrenge zog nun ein ins Land, geboren aus der reformatorischen Überzeugung, dass der Glaube täglich im Leben umzusetzen sei – da waren sich die Pietisten mit den Calvinisten einig. Kontrolliert wurde das vom Nachbarn. Denn mit den 1612 eingeführten Kirchenkonventen entstand eine örtliche Gerichtsbarkeit aus Pfarramt und Bürgermeisteramt. »Schultes« und Pfarrer, nebst anderen von der Obrigkeit bestimmten Abgeordneten, saßen einmal im Monat zusammen und hörten sich die Klagen der Menschen an, bestellten Leute ein und verordneten Bußgelder oder Arrest. Der Clou an der Sache: Wer seinen Nachbarn anzeigte, bekam ein Drittel von dessen Bußgeld zugesprochen. Die nachbarschaftliche Überwachung funktionierte perfekt.

Böse Zungen behaupten, sie würde auch heute noch funktionieren. Zum Teil stimmt das sicherlich. Aber sie schlägt sich auch in einem gesunden Misstrauen nieder. Was will der Fremde von mir? Warum gerade von mir? Bin ich dann zu etwas verpflichtet? Dieser Fragenkatalog läuft bei einem Schwaben erst mal automatisch ab. Und begründet die anfängliche Distanz zu anderen. Diese gilt es zu überwinden. Aber dazu muss sie erst mal ausgehalten werden.

So en Dackel! Den ka'sch vergessa

[so ɐn dagl! dən ka:sch vɐgesɐ]

Zur Kommunikation mit Schwaben

Der Schwabe spricht wenig bis gar nichts und pflegt dann das Understatement (»M'r hend ons jetzt en Stuarged a klois Häusle kauft« bedeutet in Wirklichkeit »wir haben uns eine Villa in Halbhöhenlage gekauft«). Oder aber er neigt zu Übertreibungen (»Als e von dem Sonderangebot g'hairt han, ben e saumeeßikg g'wetzt und jetzt ben e halba heh« heißt, dass er erfolgreich bei Aldi eingekauft hat). Die größte Schwierigkeit dürfte darin liegen, mit einem Schwaben ins Gespräch zu kommen. Von ihm aus funktioniert das nur bei einer Hocketse oder in der Besenwirtschaft. Oder aber wenn er selber Kontakt aufnimmt – aber das kann dauern.

Da ist eine Familie aus Norddeutschland nach Schwaben gezogen. Nach dem Einzug fällt ihnen auf, dass sie noch nie einen Nachbarn gesehen haben, geschweige denn jemanden auf der Straße. Jetzt zu glauben, es wäre niemand da oder man bliebe unbeobachtet, wäre ein erster, fataler Irrtum. Vielmehr wird man sehr genau beobachtet – in der schwäbischen Nachbarschaft wird sozusagen verdeckt ermittelt.

Nach einiger Zeit stellen der schwäbische Nachbar und seine Frau fest, dass die Neuen ganz passabel aussehen. Offensichtlich gehen sie jeden Morgen einer geordneten Tätigkeit nach, die Kinder sind adrett und höflich, das Auto ist gewaschen, der Rasen geschnitten und auch die Kehrwoche scheint ordentlich verrichtet zu werden. Warum also nicht mal den Versuch einer Kontaktaufnahme machen, meint die Schwäbin. Traditionell wird nun der Mann vorausgeschickt. Der soll den Kontakt herstellen und will doch nichts von sich preisgeben. Also beginnt eine schwäbische Kontaktaufnahme immer so, dass man genau das sagt, was man auch sieht: »So, denn se Auto wascha?« oder aber »Jetzt, denn se d'r Garda om'graba?« oder anders »Ha no, au fleissig?«.

In dieser Frage liegt Zündstoff: Genau jetzt entscheidet sich, ob man einen Freund fürs Leben, zumindest aber einen guten Nachbarn gewinnt, oder ob man aber einen Feind auf Jahre hinaus bekommt. Sagt jetzt der Norddeutsche: »Das sehen sie doch!«, wird der Schwabe nicken, wortlos weitergehen und zu

Hause zu seiner Frau sagen:»So ein Dackel! Den ka'sch vergessa.« Der neue Nachbar wird ebenfalls zu seiner Frau gehen und ihr berichten:»Da kommt doch heute der Nachbar vorbei und quatscht mich blöd von der Seite an.« Die beiden werden nie mehr zusammenkommen.

Kommt man aber ins Gespräch, ist die entscheidende Hürde genommen. Freilich lauern auf dem Weg der Kommunikation noch einige größere Fettnäpfe, die man tunlichst vermeiden sollte. Dazu gehört, dumme Sprüche über gewisse schwäbische Speisen zu machen, zum Beispiel über Linsen und Spätzle. Einmal davon abgesehen, dass das norddeutsche Labskaus optisch auch nicht gerade ein»Hingucker« ist, sind Bemerkungen wie »Sieht aus, wie…« nicht angebracht. Ähnliches gilt für den Trollinger: Bemerkungen zum schwäbischen Nationalgetränk, wie zum Beispiel» hellrote weinartige dünne Brühe«, sind in hohem Maße freundschaftshemmend. Dabei erfreut sich gerade der Trollinger, von einem guten Weingärtner ausgebaut, zunehmender Beliebtheit. Aber das nur nebenbei. Dumme Bemerkungen über die Kehrwoche sind auch nicht sehr beliebt. Einen Schwaben sollte man auch nicht für einen Badener halten, umgekehrt natürlich auch nicht (»Die Aborigines im Süden reden alle im gleichen unverständlichen Dialekt«) und über das Geld sollte man schon gar nicht reden.

Es gibt einfach ein paar Tabuthemen im Ländle. Und wenn man nicht gleich zielsicher auf diese zusteuert, steht interessanten Begegnungen nichts mehr im Weg.

Moinet se net au?

Noch ein paar Tipps zur Kommunikation mit Schwaben

Dass der Schwabe nichts von sich preisgibt, wurde schon erklärt. Dabei hat er eine Kommunikationsform entwickelt, in der er »a'gschla wia Pferchstotz« ist (schlitzohrig, hinterhältig). Höchste Vorsicht ist geboten, wenn ein Schwabe oder eine Schwäbin einen Satz anfängt mit der Bemerkung »moinet se net au, dass …«. Hier wird einem eine fremde Meinung untergejubelt, ohne dass der Fragesteller seine eigene äußert. Und in der ganzen Nachbarschaft kann man dann zitiert werden. Beispiel: »Moinet se net au, dass d'Nachbare ihr Kehrwoch net guat

17

macht«. Geben Sie jetzt dem Fragesteller recht, sitzen Sie in der Falle. Denn nun kann der Fragesteller überall herumerzählen, Sie wären der Meinung, dass die Nachbarin ihre Kehrwoche nicht ordentlich erledige. Der Fragesteller selber hat gar nichts gesagt und Sie haben die größten Schwierigkeiten, aus dieser Falle wieder herauszukommen. So schafft man auf Ihre Kosten wunderbaren Gesprächsstoff in der Nachbarschaft.

Noch so eine Falle stellt die Verwendung des Wortes »fei« dar. Denn mit seiner Verwendung signalisiert der Schwabe, dass er nicht bereit ist zu verhandeln und Sie auf Granit beißen werden. »Des isch fei mei Platz!« hören Sie am Stammtisch und sollten sich daher woanders einen Sitzplatz suchen.

So gerüstet können Sie in Schwaben eigentlich nichts mehr falsch machen. Viel Glück beim Finden der Freunde fürs Leben.

Ersch mal gugga, was de Fremde wellet ... no sehet mr weiter

[ersch ma:l gugɐ, vas də `frəmdə `və:lɐd ... nō si:d mɐ `vaidɐ]

Giacomo Casanova besucht Stuttgart

Schwaben sind nicht fremdenfeindlich. Nur vorsichtig. Das hat sie ihre Geschichte gelehrt. Denn durch Schwaben zogen jahrhundertelang immer wieder fremde Truppen und deren Gefolge. Diese hinterließen Spuren. Nicht nur in den Ahnentafeln der schwäbischen Familien, sondern auch in ihren Geldbeuteln. So etwas macht vorsichtig und misstrauisch. So ermahnen schwäbische Väter noch heute ihre Töchter beim Ausgang ja keine »Fisimatenten« zu machen. Dies ist eigentlich eine Erinnerung an die Zeiten, als die durchziehenden französischen Truppen, unter dem Befehl von Marschall Melác (dem Verwüster der Pfalz und Zerstörer des Heidelberger Schlosses, der dann allerdings vor den Weibern von Schorndorf kapitulierte), die schwäbischen Mädchen einluden: »Visitez ma tente!« hieß es damals, »besuch doch mein Zelt«.

Zu den schlechten Erfahrungen mit Fremden gehörten auch diverse Höflinge, die am württembergischen Hof ein- und ausgingen, und mit ihrem höfischen Gehabe sowie ihrer Speichelleckerei beim einfachen schwäbischen Volk unbeliebt waren. Auf die Spitze getrieben hatte das die aus Mecklenburg stammende Wilhelmine von Grävenitz (1686–1744), die über zwanzig Jahre lang die Mätresse des Herzogs Eberhard Ludwig war.

Als »Landverderberin« ging sie in die schwäbische Geschichte
ein und ist heute noch in Geschichten präsent. Mit zwanzig Jahren wurde sie am Hofe eingeführt, um den Herzog von den po-
litischen Geschäften abzulenken. Diese wollte der Hofmarschall
von Staffhorst (auch kein Schwabe) lieber alleine betreiben.
Dies gelang vortrefflich. Der Herzog erhob sie zur Gräfin von
Urach und heiratete sie 1707 »zur linken Hand« – er war nun also mit zwei Frauen verheiratet. Die Gräfin demütigte öffentlich
die Herzogin, misshandelte den schwächlichen Erbprinzen und
führte sich wie die erste Dame am Hofe zu Ludwigsburg auf.
Der Herzog war blind vor Liebe und ernannte sie zum Mitglied
im »Geheimen Cabinett« – der Regierungszentrale. Hier nun
betrieb sie professionelle Vettern- und Günstlingswirtschaft. Sie
und ihre Leute saugten das Land aus. Als sie verlangte, dass auch
sie im sonntäglichen Gottesdienstgebet für die herzogliche Familie mit aufgenommen werde, erwiderte der Prälat Lucas Osiander, das sei nicht nötig, weil schon geschehen – nämlich im
Vaterunser, wenn es heißt: »Und erlöse uns von dem Übel.« Nur
weil der Herzog an Osiander einen Narren gefressen hatte, kam
der lebend davon. Die Schwaben aber haben das Osiander nie

vergessen und erzählen die Geschichte heute noch. Als 1731 der einzige Thronfolger starb, verstieß der Herzog seine Mätresse, enteignete sie und ließ sie auf dem Hohenurach einkerkern. Auf Intervention des Kaisers kam sie 1732 frei, bekam eine riesige Entschädigung und zog nach Berlin.

Gerechterweise muss man auch sagen, dass die Grävenitz ein eigenes Schloss mit dem Dorf Freudental besaß, auf dem sie Juden – natürlich gegen eine hohe Kopfsteuer – erlaubte, ansässig zu werden. So war Freudental ein Dorf mit einer eigenen jüdischen Gemeinde – bis die Nazis kamen.

»Aufpassen, mit Fremden macht man schlechte Erfahrungen!« und »Erst mal abwarten und sehen, wie sie sich geben und sich das Ganze entwickelt!«. Diese Einstellung wurde zu einem schwäbischen Lebenselement, denn die Erfahrung zeigte eines: Bezahlen müssen immer die kleinen Leute.

Im Jahre 1765 entstieg ein nobler Kavalier der Postkutsche aus Italien und nahm in Stuttgart im »Bären« Quartier (an dem Ort, an dem heute die Markthalle steht. Die Bärenstraße erinnert noch an damals). Giacomo Casanova war angekommen, angezogen von der verschwenderischen Hofhaltung Herzog Carl Eugens. Unter dem Pseudonym Chevalier de Seingalt war er auf galante Abenteuer in Schwaben aus.

Aber zunächst ging er ins Theater, wo er gleich am ersten Abend auffiel, weil er es zum Schluss des Stückes wagte, als erster zu klatschen. Dies durfte in Württemberg damals nur der Herzog. Erst danach durften die anderen Theaterbesucher ebenfalls klatschen – oder die Schauspieler ausbuhen, je nach dem wie es der Herzog vormachte. Der Herzog ließ den frechen Italiener zu sich kommen – Casanova hatte sein Ziel erreicht, er war bei Hofe angekommen und wurde das Stadtgespräch. Seinen Unterhalt verdiente er durch Karten spielen.

So auch im »Bären«, wo er drei schwäbische Offiziere als Mitspieler fand. Diese durchschauten seine Tricks, waren mit ihren noch besser und Casanova verlor sein gesamtes Geld. Als er am nächsten Tag weiterspielte, bezichtigte er seine Mitspieler des Falschspiels und wurde nach dem einsetzenden Tumult vom Herzog unter Hausarrest im »Bären« gestellt. Drei Tage verbrachte er in seinem Zimmer, dann lud er den Wachposten ein, im Weinkeller für sich und seine Kameraden auf seine Kosten soviel Wein zu holen, wie er wollte. Während der Soldat in den Keller stieg, floh Casanova. Dem Wirt blieb zur Begleichung der Hotelrechnung nur übrig, sich mit den Soldaten zu streiten und die Koffer und Kleider Casanovas zu verkaufen. Mal wieder schlechte Erfahrungen mit Fremden.

Wie gesagt – wenn man jahrhundertelang schlechte Erfahrungen macht, dann prägt sich das ein. Gute Erfahrungen vergisst man leicht, schlechte hingegen nie.

Darum sind und bleiben Schwaben misstrauisch. Wenn man aber erst mal dieses Misstrauen überwunden hat, werden sie zu Freunden. Und das ein Leben lang.

Schwaben sind »helenga« reich!

Vom Umgang der Schwaben mit dem Reichtum

Es ist noch gar nicht so lange her, da kauften die wohlhabenden Schwäbinnen ihren echten Schmuck und ihren Pelzmantel in München. In Stuttgart hätte ja die Nachbarin sie beim Einkaufen sehen können. Zu Hause kamen die kostbaren Stücke erst einmal in den Schrank und wurden nur bei besonderen Gelegenheiten hervorgeholt. Im Zweifelsfall waren das dann eben »Erbstücke«, die man nicht verkommen lassen könne. Im Gegensatz zu Hamburg, Düsseldorf und Frankfurt erkennt man einen wohlhabenden Schwaben nicht unbedingt an seiner Kleidung. In Stuttgart sehen alle irgendwie gleich aus.

Schwaben sind »helenga« reich. »Helenga« bedeutet aber nicht »heimlich«. Denn wenn man ihn für arm hielte, wäre er beleidigt. Der dialektische Umgang mit dem Begriff »helenga« erlaubt einen tiefen Einblick in die schwäbisch-protestantische Seele.

»Was vor Gott nicht zu Geld wird, taugt nichts!« Ein solcher Satz calvinistischer Christen lässt einen Schwaben erschauern. Denn eigentlich gibt er seinen reformierten Glaubensbrüdern ja Recht, traut sich aber nicht, dies öffentlich zu tun So offen darf man mit seinem Geld auch wieder nicht umgehen. Doch Puritaner sind sie beide – der eine nur eben »helenga«.

Schwaben hat keine natürlichen Reichtümer. Als die Industrialisierung mit Kohle und Erz begann, hackten die Schwaben ihr Filderkraut und bestellten die kleinen »Äckerle«. Denn in

Schwaben galt – im Gegensatz zum übrigen Deutschland – das Realteilrecht beim Erben. Alle Kinder bekamen den gleichen Teil – übrigens sowohl die Jungen wie auch die Mädchen. Während woanders immer nur der älteste oder der jüngste Sohn alles erbte und die anderen Kinder eben als Knechte und Mägde bei ihm arbeiten durften, wurde in Schwaben alles real geteilt. Eine fürchterliche Zerstückelung des Landes und des Ertrages war die Folge. Da blieb vielen nur die Auswanderung. Daher zogen Generationen von Schwaben die Donau entlang – in die Batschka, nach Rußland, oder später nach Amerika. Wer heutzutage locker von »Wirtschaftsflüchtlingen« spricht, wenn er die Flüchtlinge in Deutschland meint, sollte seine Zunge hüten. Seine ausgewanderten Vorfahren waren genau das.

Der Rest musste sich im Ländle einrichten, das allerdings nicht viel hergab. Bildung genoss man dagegen selbst wenn man arm war. Der württembergische Reformator Johannes Brenz hatte die allgemeine Volksschule durchgesetzt – auch für Mädchen. Der Pietismus lieferte die passende Religion. Hier war Armut eine Zierde und das irdische Elend nur eine Zwischenstufe auf dem Weg zum himmlischen Jerusalem. »Hindurch, hindurch durchs irdisch' Jammertal« wurde voll Inbrunst in Gottesdienst und »Stunde« gesungen. Den Bedürfnissen des Leibes galt es abzuschwören, Armut war ein Zeichen der Erwähltheit – den Kindern Israels ging es auf dem Zug durch die Wüste Sinai ja auch nicht besser. Überwacht wurde dies von einer zentralistisch organisierten Kirche mit ihren örtlichen Kirchenkonventen, welche die Kirchenzucht ausübten. Die Kirchengemeinderäte überwachten sogar die Einhaltung der Kehrwoche. Da blieb für die, welche nicht auswanderten, nur der Weg in die Innerlichkeit. So entstanden die Grübler und Tüftler, Philosophen und Gottessucher.

Als in Deutschland die Wasserkraft als Energiequelle entdeckt wurde, kamen die Schwaben zu einigen Patenten. Als die

Energie dann genutzt werden konnte, war die Stunde der Fein-mechaniker gekommen. Viele wurden wohlhabend, manche reich. Aber das konnten sie nicht zugeben oder zeigen. Für ein ausschweifendes Leben fehlte nach Jahrhunderten protestan-tisch-puritanisch-pietistischer Prägung die innere Einstellung. Also konnte das gewonnene Kapital nicht verjubelt werden. Es wurde wieder in den Betrieb und in neue Erfindungen gesteckt – und der alte Anzug wurde ebenfalls noch ein paar Jahre getra-gen. Diese Mentalität wirkt bis heute. Viele gestandene Unter-nehmer haben noch immer ihr »Stückle«, schneiden ihre Bäu-me selber, mosten das Obst und zupfen Träuble – obwohl das betriebswirtschaftlich reiner Unsinn ist.

Eine Schwabe arbeitet auch nicht. Er »schafft«. Das verbindet ihn mit seinem Schöpfer. Der hat ja bei der Erschaffung der Welt auch nicht gearbeitet, sondern eben »erschaffen«. Ihm strebt der Schwabe nach. Deshalb geht er auch ins »G'schäfft«. »Emmer viel G'schäfft« ist daher auch ein Ausdruck dafür, dass es einem gut geht. »Die sieht aber arg a'schafft aus!« ist daher auch das höchste Lob für eine umtriebige Schwäbin.

Das gilt auch für die Kirchengemeinden. Die leiden natürlich unter dem heutigen Sparzwang. Aber einmal abgesehen davon, dass Sparen für einen Schwaben »Luschtgewinn« ist, wären die Kirchengemeinden beleidigt, hielte man sie für arm. So bewegt sich vieles aus dem Spardruck heraus, denn eisernes Sparen regt in Schwaben die Kreativität an. Nun kann man endlich neue Wege beschreiten, weil die alten ausgetretenen Wege nun wirklich nicht mehr begehbar sind. So gibt es nicht wenige, welche die Spardiskussion »helenga« begrüßen, da sie nun endlich neue Wege einschlagen können, die vorher unter dem Begriff »revolutionär« keine Chance auf Verwirklichung gehabt hätten. Weil man umdenken muss, darf man endlich umdenken, ohne dass einem dies als Verrat ausgelegt wird – oder gar mit dem Stempel »unchristlich« gebrandmarkt wird. Von daher ist durch die Spardiskussion in den letzten fünf Jahren mehr Bewegung in die Kirche gekommen, als durch die theologischen Diskussionen der letzten dreißig Jahre. Jetzt kann man endlich »helenga« Reformen wagen.

Nirgends in Deutschland wurden so viele Genossenschaften gegründet wie in Schwaben. Die Bausparkasse ist eine schwäbische Erfindung. Als Deutschlands ältestes Sparbuch gesucht wurde, fand es sich in Schwaben (eingerichtet im Jahr 1835). Das Spendenaufkommen in Schwaben ist überdurchschnittlich hoch. Die meisten evangelikal-missionarischen Werke in Deutschland bekommen den Löwenanteil ihrer Spenden aus Schwaben. Das ist kein Zufall.

Die deutschen Stammesschwestern und -brüder machen sich gern über die Schwaben lustig. Wegen ihres vermeintlichen Geizes, werden sie gern als vertriebene Schotten bezeichnet. Dabei kann man nur bei den Reichen lernen, wie man spart – so der Volksmund. Der Schwabe wird gerne als »Hanswurst« auf den Komödienbühnen dargestellt, als Geizhals und Eigenbrödler. Stimmt alles, aber auch wieder nicht. Das ist das Dialektische in

Schwaben. Als der Kirchentag nach Stuttgart kam, wurde ein Rekord aufgestellt: noch nie in der Geschichte dieser Veranstaltung fanden sich so schnell so viele Gastgebern, die bereit waren, wildfremden Menschen ein Bett zur Verfügung zu stellen. Als der Kirchentag in Stuttgart war, überschlugen sich die Schwaben beinahe vor lauter Gastfreundschaft. Doch Vorurteile sind zäh.

Indem die Schwaben ein »-le« an ein Wort hängen, machen sie es kleiner, niedlicher, angenehmer, sympathischer. »Spätzle, Schätzle, Autole, Mäule« – alles wird weicher. Alles? Fast alles. Bei zwei Wörtern gibt es keine schwäbischen Kompromisse und Verweichlichungen. Da kennt der Schwabe keinen Spaß. Gott und Geld gibt es nicht in der »-le« Form. Das sagt alles.

En scheener Tod beim Äpfel-ra-do

[ɐn scheːnɐ toːot baim əpfl-raː-doː]

Sparsam bis zum Schluss

Der Tod ist ein Tabu – jedenfalls für moderne Zeitgenossen. Früher war er für die Menschen allgegenwärtig und gehörte zum Alltag dazu – so komisch sich das heute anhört. Die Kindersterblichkeit war hoch. Frauen starben in der Regel nach der Geburt und Männer waren daher bis zu dreimal verheiratet. Da hatte auch das Eheversprechen »Bis dass der Tod Euch scheidet!« eine andere Bedeutung.

Doch bei aller Tabuisierung gibt es für Schwaben noch den »scheenen Tod«. Damit ist nicht »das Übergänglein« gemeint, mit dem die Pietisten des 19. Jahrhunderts das Sterben umschrieben. Der Begriff bezieht sich vielmehr auf die Beschreibungen von Chirurgen und anderen Ärzten, wenn diese über die Gründe für ihre Arbeit sprechen: Unfälle beim Skifahren, Kirschen- und Äpfelpflücken. So füllen sich die Notaufnahmen. Und als Folge solcher Erfahrungen fand schon so mancher wackere Schwabe den Tod.

Eigentlich ist die Streuobstwiese ja schon abgeerntet. Die in Säcke gefüllten Äpfel sind bereits in der Mosterei abgegeben. Bald wird der Saft ins Haus geholt und die Mostfässer gefüllt. Den Schwaben im hohen Alter aber zieht es noch einmal hinaus »aufs Stückle«. Irgendein Fallobst kann man immer noch auflesen und vielleicht hängt ja auch noch etwas am Baum, was man bislang übersehen hat und noch »brechen« könnte.

Da sieht der Opa mit geübtem Blick noch zwei Boskop oben am Baum hängen. Zwar geht er schon mühsam am Stock, aber der Anblick der zwei Boskop ist für ihn unerträglich. Da kann man sie einfach nicht hängen lassen, wo der Boskop doch ein so gutes Obst ist. Wenn man den Apfel ein bisschen lagert, wird er immer besser. So frisch geerntet kann man ihn eigentlich noch gar nicht essen. Weshalb die Sorte auch ausstirbt. Kinder und Enkel wollen eben Äpfel immer gleich essen können.

Natürlich ist die lange Brechstange viel zu schwer für den Opa am Stock. Aber es gibt ja noch eine kleinere Brechstange. Die ist am Baum angelehnt, hinter den Stützstangen, den sogenannten »Stotza«. Mit sicherem Griff holt er sie hervor. Dahinter findet sich schnell auch noch die alte Bockleiter.

Auf einmal sind die Gehbehinderung und der Stock vergessen. Der alte Schwabe stellt die Bockleiter auf und zieht sich mit einer Hand hinauf, in der anderen hält er die kurze Brechstange. Jetzt wird gerüttelt und geschüttelt. Aber die zwei Boskop wollen einfach nicht weg. Mit letzter Kraft macht er einen allerletzten – erfolgreichen – Versuch an das Obst zu kommen. Die Äpfel brechen und fallen in das kleine Säckchen, das unter dem Brechring am Kopfende der Stange angebracht ist.

Allerdings ist der wackere Schwabe dabei ins Wanken geraten und kippt mit Bockleiter, Brechstange – die er allerdings nicht wegwirft – und den zwei Boskop um und stürzt zu Boden.

Am frühen Abend finden die Angehörigen, die sich schon seit Stunden fragen, wo er denn abgeblieben sein könnte, den alten Schwaben auf seiner Streuobstwiese liegen. Tot ist er. Mit einem seligen Lächeln im Gesicht. Neben ihm liegen die zwei Boskop.

»Er isch en scheena Tod g'storba«, sagen die anderen Schwaben und nicken verständnisvoll. So wird es auch der Pfarrer in seiner Leichenpredigt sagen und die Gemeinde wird es verstehen.

So isch's no au wieder. Denn »g'storba werda muass, aber die zwoi Boskopp muesset au no ra'«.

Hol amol a Ambossfett!

['ho:l ɐmol ɐ ambosfɛd]

Zur Ausbildung in Schwaben

Lehrjahre sind keine Herrenjahre!« Diesen Satz hat noch jeder Auszubildende irgendwann einmal gehört. Und mancher denkt mit Grausen an die Scherze der Kollegen am ersten Tag zurück, an dem es einem geschehen konnte, durch den ganzen Betrieb geschickt zu werden, um ein »Ambossfett« in der Schmiede zu holen – ein Fett freilich, das es noch nie gab. Außer dem Gelächter der lieben Kollegen, brachte das allenfalls die erste Ohrfeige des Meisters wegen soviel Dummheit ein.

Die Sitten waren rau. Im Mittelalter hatte sich herausgebildet, dass nur ein Meister junge Leute ausbilden durfte. Also gab man seinen Jungen – für Mädchen war von niemandem eine Ausbildung vorgesehen – in die Hand eines Meisters. Damit zog der Junge in der Regel zu Hause aus und wurde im Haus des Meisters untergebracht. Geld gab es keines, in manchen Jahren musste man sogar etwas mitbringen. Dafür gehörte man nun zur Familie und Werkstatt des Meisters, bei dem man Kost und Unterkunft bekam – aber dafür auch Tag und Nacht einsetzbar sein musste. Das schloss Arbeiten für die Meistersfrau – Meisterin genannt – mit ein. So gab es zwischen Stall, Keller, Scheune und Werkstatt von früh bis spät etwas zu tun. Schlechte Kost und Schläge gehörten zum Alltag. In der Hierarchie war man ganz unten, man lernte wirklich das Handwerk »von der Pieke auf«. Nach dem Dreißigjährigen Krieg gab es dafür sogar noch einen eigenen Namen: Man war der »Stift«. Diese Bezeichnung ist heute zwar nicht mehr politisch korrekt, aber in Baden-Württemberg, Bayern und der Schweiz immer noch zu hören. Und das keineswegs negativ. Im Süden klingen Azubi und Azubine eher abfällig. Der Ausdruck »Stift« kommt mit großer Wahrscheinlichkeit aus dem Rotwelschen – der Gaunersprache des fahrenden Volkes. Die einen Volkskundler deuten ihn als eine sexuelle Metapher, andere leiten ihn von »kopflose Niete« ab – wobei wir wieder bei den anfänglichen Erfahrungen im Leben eines Auszubildenden wären.

War der Stift mit seiner Ausbildung fertig, wurde er Geselle. Das ganze Handwerk war seit dem Mittelalter bis in die Zeit der Industrialisierung streng geordnet und festgelegt. So waren die einzelnen Berufe in Zünften organisiert, die wiederum strenge Regeln für ihre Mitglieder erließen, sich vor Konkurrenz abschotteten, aber auch so etwas wie ein Sozialsystem für die einzelnen Berufe aufbauten. Dazu gehörten schon früh Regeln, wie mit den Witwen von Meistern zu verfahren sei und wie diese zu versorgen wären. Witwen von Gesellen gab es nicht – die durften nämlich nicht heiraten und lebten in der Regel auch im Haus des Meisters.

Oder sie waren unterwegs auf der Walz. Denn zum Handwerksberuf gehörte, Erfahrungen in anderen Gegenden zu sammeln. So regelte die Zunftordnung, dass man »drei Jahre und einen Tag« auf der Walz zu sein hatte und sich in dieser Zeit seinem Heimatort nicht nähern durfte. Historiker haben festgestellt, dass auf diese Art und Weise nicht nur ein großer Wissensaustausch in ganz Europa möglich war, sondern auch die Arbeitslosigkeit umgangen werden konnte. Denn ein Drittel der Gesellen auf der Walz hatte immer keine Arbeit, da sie von Ort zu Ort zu ziehen hatten – also beim sogenannten »Fechten« war. Sie suchten Arbeit, kostenlose Unterkunft und etwas zum Essen. Das ist auch heute noch so, wenn man Handwerker auf

der Walz begegnet. An ihrer schwarzen Kluft sind sie leicht zu erkennen und noch heute auf Unterstützung angewiesen, wenn sie ihre »drei Jahre und einen Tag« unterwegs sind.

Das alles galt für Mädchen natürlich nicht. Die blieben zu Hause, halfen der Mutter, lernten von ihr was nötig war und wurden anschließend verheiratet. Erst dann konnten sie das Haus verlassen, um sofort in ein anderes zu ziehen und dort ihrem Ehemann untertan zu sein. In Württemberg waren Mädchen bis zum Ausgang des 19. Jahrhundert nicht rechtsfähig. Sie brauchten entweder ihren Vater oder einen Vormund, später dann ihren Ehemann, um einen Vertrag zu unterschreiben oder eine Erbschaft anzutreten. »Ens Deana« schickte man sie, wenn man zu viele Mädchen in der Familie hatte. Wenn das Geld hinten und vorne nicht reichte, mussten die Mädchen deshalb für den Familienunterhalt etwas dazuverdienen. So wurden sie Mägde bei den Bauern oder Dienstmädchen bei »bessere Leit«.

Eine der großartigsten Leistungen der württembergischen Reformation war 1559 die Einführung der Schulpflicht durch die Reformatoren Johannes Brenz und Herzog Christoph. Das

Revolutionäre bestand darin, dass diese Schulpflicht auch für Mädchen galt. Es brauchte allerdings noch über 100 Jahre, bis dies auch den schwäbischen Bauern einleuchtete. Hier mussten die Kirchenkonvente immer wieder empfindliche Geldstrafen verhängen, bis die Väter ihre Töchter in die Schule schickten – wenigstens so lange, bis sie die Bibel lesen, etwas schreiben und rechnen konnten.

Noch etwas anderes Revolutionäres gab es in Württemberg: die Seminare und das Evangelische Stift. Denn in Württemberg war Bildung nicht eine Frage des sozialen Standes, sondern der Begabung. So konnten auch arme »Baurebiabla«, wenn Pfarrer und Lehrer ihre Begabung entdeckten, auf Kosten des Landes Universitätsprofessoren werden. Das war einmalig in Europa. Das galt wiederum nicht für Mädchen. Die kamen erst dann zum Zuge, als die russischen Prinzessinnen Katharina und Olga, die später württembergische Königinnen wurden, Mädchengymnasien gründeten und unterstützten, und die anderen württembergischen Königinnen ihrem Beispiel folgten. Es wurde von Seiten der Männer zwar kräftig gemurrt, aber gegen den Willen einer Königin wollte dann doch keiner aufmucken. Dies förderte die Ausbildung der Mädchen im Bürgertum.

Die ersten Diakonissen Mutterhäuser förderten diese ebenfalls. Nicht nur, dass es nun eine Alternative zur bürgerlichen Ehe gab, das Mutterhaus sorgte auch für einen angemessenen Lebensabend. Sie bildeten nun ihrerseits bürgerliche Frauen und Mädchen im Sticken, Kochen und Nähen sowie in Fragen der Hygiene und Babypflege aus.

So rühmt sich manche betagte Stuttgarterin noch heute, nicht nur ein höheres Töchterinstitut (Mädchengymnasium) besucht zu haben, sondern auch bei den Stuttgarter Diakonissen im Mutterhaus alles gelernt zu haben, was man zum Führen eines fortschrittlichen, bürgerlichen Haushaltes sowie der modernen Kinderpflege so braucht.

Aua!

[`aua]

Über die Entwicklung der Pädagogik in Württemberg

Wer seine Rute schont, der hasst seinen Sohn! Wer ihn aber lieb hat, der züchtigt ihn beizeiten« (Sprüche 13, Vers 34). Und so haben es auch die alten Schwaben gehalten: Wer sein Kind liebt, der züchtigt es. Und die göttliche Autorität der Bibel hat dies sogar gefördert.

Trotzdem waren Kinder wertvoll. Denn nur sie allein sicherten das Überleben. Weil es bis zum Ende des 19. Jahrhunderts keine Kranken- und Rentenversicherung gab, konnte nur der eigene Nachwuchs das Überleben im Alter und in der Krankheit sichern. Zwar löste sich dieses System mit dem Beginn der Industrialisierung und damit mit dem Entstehen des Proletariats auf, aber durch das Fehlen einer Alternative begünstigte dies die Entstehung der Arbeiterbewegung und der Gewerkschaften. Ohne Kinder war man im Alter chancenlos.

Das wusste schon das Mittelalter. Kinder waren überlebenswichtig, aber mussten im Zaum gehalten werden. »Von der Zeit an, wenn das Kind die ersten bösen Worte spricht, sollt ihr ein kleines Rütlein bereit halten, das jederzeit an der Decke oder in der Wand steckt; und wenn es eine Unart oder ein böses Wort sagt, sollt ihr ihm einen Streich auf die bloße Haut geben.« So gab es Berthold von Regensburg 1260 seinen Predigthörern mit auf den Weg. Diese wussten die praktischen Tipps anzuwenden. Dabei wurden Jungen und Mädchen über die Jahrhunderte hinweg sehr unterschiedlich erzogen. Wurde der Junge schon früh bäuerlich, handwerklich oder militärisch herangenommen, da man in ihm ohnehin nur einen kleinen Erwachsenen sah, wurden die Mädchen anders beschäftigt. Sie sollten arbeiten, beten und lernen. Mit Arbeit war spinnen, weben und nähen gemeint. Allen gemeinsam war, dass sie mit der Konfirmation in die Erwachsenenwelt entlassen wurden. Eine eigentliche Kindheit, so wie wir sie heute kennen, gab es nur für sehr kleine Kinder. Sie spielten Reifentreiben mit einem Stock, Peitschenkreisel und organisierten sich beim Schlachter eine Schweinsblase, um sie aufzublasen – so entstanden die ersten Fußbälle, mit denen man zwischen den Stadttoren der kleinen Städte so lang toll kicken konnte, bis der Büttel einen jagte.

Erst im Biedermeier entdeckte man die Kindheit als eine eigene Größe. Durch die Weiterentwicklung der Pädagogik in Aufklärung und Pietismus bekam die Erziehung der Kinder einen Stellenwert, wie noch nie zuvor in der Geschichte Württembergs. Pietismus und Aufklärung gelten als die beiden großen Entdecker der Persönlichkeit und damit eines Menschenbildes, in dem das Individuum über sich selbst entscheiden konnte und sollte. Dazu musste es aber erst einmal hingeführt werden, und so gewannen Erziehung und Pädagogik große Bedeutung. Und die bürgerlichen Menschen des Biedermeiers wollten erziehen: Kinderkleidung kam in Mode, neues Spielzeug auf den Markt, Bilderbögen wurden gedruckt und die ersten Kinderbücher erschienen.

In dieser Zeit entstanden in Schottland die ersten Kleinkinderschulen. Der schottische Reverend White hielt sich in Cannstatt zur Kur auf und berichtete davon. Diese Idee fiel auf fruchtbaren Boden und so kam es, dass am 3. Juni 1832 Pfarrer Strebel in Forchtenberg, in einer Stube seines Pfarrhauses den wohl ersten Kindergarten Württembergs eröffnete. Startkapital hatte er keines, der Kindergarten musste sich selber tragen. Eines aber stand schon damals in den Statuten: Kinder von armen Eltern werden von den Eltern wohlhabender Kinder mitfinanziert.

Später war es Friedrich Fröbel aus Thüringen, der diese Idee aufgriff, die Praxis der Kinderbewahranstalten in Deutschland kritisierte und zum Vater der modernen Kindergartenidee wurde. Aus der Kleinkinderschule wurde nun der Kindergarten mit einem eigenen Erziehungsauftrag: Die Kinder sollten in Übereinstimmung mit Gott und der Natur erzogen werden.

Daraus ist dann die deutsche Kindergartenarbeit entstanden – so erfolgreich, dass das Wort »Kindergarten« sogar Einzug ins Englische und Französische hielt. Diese Sprachen haben nur wenige deutsche Fremdwörter – »Kindergarten« gehört dazu.

Meiner Jonga ihr Dogg

[maine jõŋɐ iːr dog]

Über das Familienleben in alter Zeit

Das versteht wohl nur eine Schwäbin oder ein Schwabe. Denn »mei Jonga« meint entweder »meine Tochter« oder »meine jüngere Schwester«. Und »a Dogg« ist eine Puppe. Schwäbisch eben.

Interessant ist die Frage, seit wann die Mädchen überhaupt Puppen hatten. Denn zum Puppenspielen braucht man Zeit und Muse. Die aber hatten die Kinder früher gar nicht oder jedenfalls nicht so, wie wir uns das vorstellen. In den Museen für Volkskultur findet man die ersten Puppenstuben erst um die Zeit des Biedermeier, nur in adeligen Kreisen kamen sich auch schon früher vor. Was die Sozialgeschichtler und Volkskundler zu der Frage reizt, wie das Zusammenleben von Eltern und Kindern in der alten Zeit überhaupt war.

Diese Frage ist nicht einfach zu beantworten, gibt es doch kaum direkte Zeugnisse. Hier ist Barbara Beuys mit ihrem Buch »Familienleben in Deutschland« eine phantastische Zeitreise gelungen. So hat sie etwa die überlieferten Predigten des Franziskaners Berthold von Regensburg, geboren um 1200, durchstöbert und untersucht, was er den Bauern Süddeutschlands predige. So warnte er einmal die Eltern vor übertriebener Prügelstrafe: »Ihr sollt dem Kind aber nicht mit der Hand auf den unbedeckten Kopf schlagen. Sonst macht ihr vielleicht einen Narren aus eurem Kind. Nehmt eine kleine Rute … Ihr sollt es auch nicht mit einem Stock schlagen.« Für ihn ist klar, dass die Eltern Verantwortung für ihre Kinder tragen:»Erzieht eure Kinder so, daß ihr nicht schuldig werdet an ihrem Leib und an ihrer Seele.« Und da soll es im Mittelalter keine Kinderliebe gegeben haben?

Ein anderer Mönch beschrieb das Experiment von Kaiser Friedrich II, dem Staufer. Weil dieser wissen wollte, welche Sprache ein Neugeborenes als seine ureigenste Muttersprache spräche, wenn man ihm keine Sprache beibringt, ließ er Waisenkinder von Ammen aufziehen, die sie zwar voll zu versorgen hatten, aber nicht mit ihnen reden durften. Alle Kinder starben, bevor sie ein erstes Wort gesprochen hatten. Der Mönch beschloss seine Beschreibung des Experimentes:»Denn die Kinder konnten nicht leben ohne das Händepatschen und das fröhliche Gesichterschneiden und die Koseworte ihrer Ammen und Näherinnen.«

Berthold von Regensburg kannte seine Bauern. Deshalb predigte er den Ehemännern:»Darum sollst du sie (die Ehefrau, Anmerkung des Autors) niemals an den Haaren ziehen und sie nicht schlagen, auch wenn es dir schwer fällt.« Natürlich wetterte er gegen den Ehebruch, aber gegen den Ehebruch von beiden Seiten:»Darum hütet euch vor unrechter Fleischesliebe. Sie hat manche Seele eingefangen. Gib nicht völlig dem Fleisch nach beim Essen oder beim Trinken oder beim Ehebrechen.«

Die Mönche gründeten Hospitäler und baten um Schenkungen und Stiftungen, um sie zu unterhalten. In den Hospitälern fanden alle Platz – auch Waisenkinder und Findlinge. Bruder Berthold benannte sie in einer Predigt:»Das sind kummervolle Leute, die Witwen und Waisen, arme Leute und Bedürftige. Sie leiden große Marter und Armut durch Hunger und Krankheiten und Frost und Durst und weil sie keine Herberge haben. Erbarmt Euch Ihrer.« Aus Memmingen kennen wir eine»Ordnung der Kinder im Kindshaus«. Die Findel- und Waisenkinder bekamen dort »alle Tage am Morgen ein gebranntes Mus und zu Mittag zwei Gerichte, Erbsen oder Hafer, und immer zu dem eine süße oder saure Milch. Dienstag, Donnerstag und Sonntag erhalten sie Kraut und Fleisch zu den genannten Gerichten und abends an diesen drei Tagen Suppenfleisch und wiederum Milch oder Gerste dazu, wie man es gerade hat. Die kleinen Kinder, die in der Wiege liegen, erhalten jeden Tag dreimal Milchmus und zwei- oder dreimal jeden Tag eine Milchsuppe. Jeden Montag sollen die Kinder sauber und sorgfältig gebürstet und ihre Köpfe in jeder Hinsicht überprüft werden. Desgleichen sollen die Kinder am Samstag in einem Zuber gebadet und wiederum entlaust werden. Durch das ganze Jahr sollen sie alle 14 Tage dienstags in die angewiesene Badestube gehen.« Und das im ach so finsteren Mittelalter, in dem es angeblich keine Kindesliebe gegeben haben soll.

Es blieb den späteren Jahrhunderten vorbehalten, sich um die Kinder nicht mehr zu kümmern. Besondere Bedeutung kommt

dabei dem Dreißigjährigen Krieg und dessen Folgen zu. Da war Deutschland halb entvölkert, Gesetz und Ordnung gab es fast nicht mehr, von Sitte und Moral ganz zu schweigen. Das 18. Jahrhundert war auch nicht gerade durch Friedenszeiten gekennzeichnet. Aber es entstand so etwas wie das Bürgertum, das sich besonders um seine Kinder annahm. Für das weite Land, mit seinen vielen abhängigen Bauernfamilien, galt das nur sehr eingeschränkt. Als sich mit Beginn der Industrialisierung eine eigene Arbeiterschicht herausbildete, herrschte dort große existentielle Not, die natürlich auch die Kinder traf. Die industrielle Kinderarbeit kam noch hinzu. Hier waren es die diakonischen Mütter und Väter, die alle aus dem Bürgertum kamen, die sich der Kinder besonders annahmen. So entstanden die ersten »Kinderrettungsanstalten«. Gerade am Beispiel des aus der Kirche hinausgeworfenen Pfarrers Gustav Werner kann man das gut beschreiben. Er war nicht nur bei den Bauern der Schwäbischen Alb ein beliebter Redner, der in den Scheunen sein Publikum begeisterte. Auch in Stuttgarter Bürgerhäusern wurde er immer wieder von den Damen des Hauses in ihre Tee-Salons zu Vorträgen eingeladen. Er begeistere auch sie und sammelte durch seine Vorträge Geld für seine Ideen und Einrichtungen. Zugleich erfuhr er auch, wo die Menschen der Schuh drückte. Am bekanntesten ist die Geschichte des Waisenjungen Wilhelm Maybach. In einem Stuttgarter Damenkränzchen erfuhr er von dessen Schicksal, nahm ihn mit sich nach Reutlingen, erkannte sein Genie und brachte ihn zu seinem Werkstattleiter Gottlieb Daimler in die Maschinenfabrik zum Bruderhaus. Das hatte Folgen.

Ehrbare Christenleute kümmern sich um die Kinder. Auch wenn nie genug Geld da ist. Und nicht erst seit der Neuzeit. Schon seit dem Mittelalter.

D'r Keenich wills net demokratisch

[dɐ kǝnich wils nǝd dǝmogratisch]

Über demokratische Strukturen in Württemberg

Als Württemberg 1806 Königreich wurde, bedeutete dies eine völlige Umstrukturierung der Gesellschaft. Langsam wurde aus einem Agrarland eine Industriegesellschaft, aus dem Flickenteppich von über dreihundert kleinen Gebieten mit unterschiedlichen Herrschaftsformen – von den Freien Reichsstädten bis zum Ordensland – wurde ein einheitlicher Staat. Es gärte im Land, das König Friedrich I mit eiserner Hand regierte. 1819 wurde die württembergische Verfassung erlassen, die es den Kirchen erlaubte ihre inneren Angelegenheiten selbst zu regeln. Aber keiner wusste so recht, wie man das umsetzen sollte, war doch der König immer noch so etwas wie der Landesbischof und das geistliche Konsistorium eine Landesbehörde. Heftig diskutiert wurde damals auch die Einrichtung von Landessynoden, parallel zu den überall entstehenden Landtagen.

Schließlich war man sich fast über die Einrichtung einer Landessynode einig, als die Revolution von 1848/49 dazwischen kam. König Wilhelm I wollte nichts mehr von Landesynoden wissen – das war ihm alles zu demokratisch. Das württembergische Kirchenvolk sah das genauso. Man war streng monarchistisch und die Demokratie war vielen verdächtig. Zu jener Zeit brachte die Gründerin der Stuttgarter Diakonissenanstalt ein Plakat in Druck, das unter dem Namen »Der breite und der schmale Weg« über Jahrzehnte in allen frommen schwäbischen

Häusern hing. Auch heute noch wird es nachgedruckt. Betrachtete man damals den »breiten Weg«, kam man gleich nach der einladenden Pforte ins Gast- und Tanzhaus »Weltsinn«. Aus dem ersten Stock hing eine Fahne heraus – schwarz, rot, gold –, die verhasste Fahne der Demokraten. Auf den heutigen Drucken ist die Fahne schlicht weiß.

Doch der Druck, das kirchliche Leben in den Gemeinden und in den Bezirken (damals Diözesen genannt) zu organisieren, war so groß, dass König Wilhelm I es zuließ, dass ab 1851 Pfarrgemeinderäte und ab 1854 Diözesesynoden (die heutigen Bezirkssynoden) eingerichtet wurden. Wählen durften nur Männer ab dem 30. Lebensjahr, gewählt konnte man ab dem 40. Lebensjahr werden. Es lag in der Logik dieses Systems, dass es nun auf Landesebene auch so etwas wie eine Landessynode geben musste. Der König blieb jedoch bei seinem Nein. Erst unter seinem Nachfolger König Karl wurde ab 1864 wieder heftig über die Einführung eines Landesynode diskutiert – unter den Pfarrern und in den bürgerlichen Kreisen. Den Landgemeinden war das egal.

Erst durch ein Gesetz König Karls wurde am 20. Dezember 1867 die Landessynode eingeführt – allerdings zunächst nur für Männer. Erst nach dem Zusammenbruch der Monarchie wurde etwas Neues gewagt. Im Oktober 1919 begann eine einberufene Landeskirchenversammlung eine neue Verfassung auszuarbeiten. Bedingt durch die Verfassung der Weimarer Republik, wurden nun die Urwahl und das aktive und passive Wahlrecht für Frauen auch in der Kirche eingeführt.

In den Gemeinden vor Ort wurde das alles ganz unterschiedlich aufgenommen, je nachdem, wie ihre Pfarrer in dieser Frage engagiert waren. Formal galt noch bis 1892 die alte Ordnung, die einen »Kirchenkonvent« vorsah. Gegründet wurde dieser 1612 vom Herzog und diente als ideales Überwachungssystem der Bürger. Der Kirchenkonvent, zusammengesetzt aus dem

Pfarrer, dem »Schultes« und dem »Heiligenpfleger« (dem heutigen Kirchenpfleger), überwachte die Sittlichkeit. Die Überwachung war insgesamt sehr erfolgreich, bekam doch der Denunziant, falls er recht hatte und es zu einer Bestrafung kam, ein Drittel des Bußgeldes als Belohnung. Der Überwachung durch die Nachbarn wurde damit Tür und Tor geöffnet, und führte im 18. Jahrhundert dazu, dass man Württemberg das »lutherische Spanien« nannte.

Da im Herzogtum das gesamte tägliche Leben geregelt war, konnte alles und jeder zur Anzeige gebracht werden. So waren Farben und Art der Kleidung vorgeschrieben – wehe dem jungen Mädchen, das sich etwa aus modischen Gründen farbige Bänder ins Haar flocht. Anzeige und Geldbuße waren die Folge. Das Tanzen etwa war auf wenige Anlässe im Jahr beschränkt, Anzahl der Gäste und Speisenfolge bei einer Hochzeit geregelt – wer dagegen verstieß, wurde angezeigt und musste zahlen oder verbrachte mindestens eine Nacht im Feuerwehrhaus – damals

auch der Ort des Gefängnisses. Soziologen sind der Meinung, dass diese Art der Sozialkontrolle bis heute ihre Spuren hinterlassen hat. Die Beschäftigung mit dem Nachbarn gehört für viele schließlich noch immer zu ihrem Alltag.

Das alles löste sich im 19. Jahrhundert langsam auf, sodass die Kirchenkonvente immer seltener zusammenkamen – erst in den Städten, dann auch auf dem Land. Die so heftig bekämpften demokratischen Ideen, hinter denen ja auch ein entsprechendes Menschenbild stand, setzten sich langsam doch durch – auch in der Kirche. Dies äußerte sich eben in dem Wunsch nach Mitbestimmung auf gemeindlicher und landesweiter Ebene.

Es ist eine Ironie der Geschichte, dass ausgerechnet die Urwahl und das Frauenwahlrecht, auf das die Württemberger heute so stolz sind, durch die Weimarer Republik eingeführt wurden, die doch von den protestantischen Christen so vehement abgelehnt wurde. Man weinte lieber der untergegangenen Monarchie nach.

Auf zum Gaisburger Marsch!

Wie eine schwäbische Spezialität zu ihrem Namen kam

Gaisburger Marsch« ist der Titel eines schwäbischen Eintopfes, den manche Schwaben für den kulinarischen Höhepunkt der bäuerlich schwäbischen Küche halten. Rindfleisch, Spätzle und Kartoffeln kommen zusammen in eine Fleischbrühe und werden mit gerösteten Zwiebeln abgeschmelzt. Um die Entstehung dieser schwäbischen Spezialität ranken sich verschiedene Geschichten. Eine erzählt davon, wie die Kadetten um Friedrich Schiller in der Hohen Karlsschule, hinter dem Neuen Schloss, ständig hungerten, weil die Kadettenkost einfach zu wenig war. Im Stadtteil Gaisburg fanden sie eine Wirtin, die sich bereit erklärte, unter Verwendung dessen, was übrig geblieben war (also Spätzle, Siedfleisch und die in Schwaben ungeliebten Kartoffeln), eine schmackhafte Mahlzeit für wenig Geld zu zaubern. Und so hieß es jeden Samstag, wenn Ausgang war: »Antreten zum Gaisburger Marsch.« Der Name der Aktion ging auf das Gericht über.

Historischer ist vermutlich die Geschichte, dass Soldaten eines Stuttgarter Regimentes mit dem Wirt Wilhelm Schmid aus der Schurwaldstraße 44 (die Gaisburger Kirche liegt dort), 1834 den Eintopf aushandelten und regelmäßig zum Marsch antraten. Im wiederaufgebauten Wirtshaus »Bäcka-Schmid« weist das Wirtshausschild auf diese Tradition hin. Es zeigt einen Koch mit hoher Mütze, der ein Weinglas schwenkt und mit der anderen Hand auf eine Gans hinweist; den Sockel ziert eine Laugenbrezel.

Nix Couchez avec moi!
I be en Schwoab!

[niks kuschə a:vek mōi:! I: be:n ɐn schvōb]

Wie der Sekt nach Schwaben kam

Das Angebot sei eindeutig gewesen, so erzählen die Winzer in und um Epernay in der Champagne. Da hatte eine Witwe namens Madame Clicquot Ponsardin einen jungen Kellermeister aus Heilbronn, Georg Christian Kessler. Der war mehr als tüchtig und half der unternehmerischen Witwe, ihre Ideen in die Tat umzusetzen. Die Witwe verhalf dem Schaumwein aus der Champagne zur Weltgeltung. Noch heute ist der nach ihr benannte Champagner »Veuve Clicquot« eine Weltmarke. »Ach wie herrlich perlt die Blase der Witwe Klicko in dem Glase« reimte Wilhelm Busch, der von dem moussierenden Wein gar nicht genug bekommen konnte. Doch Kessler wollte von den amourösen Abenteuern der lebenslustigen Witwe nichts wissen, verließ sie, zog nach Esslingen und gründete dort mit seinem Wissen Deutschlands älteste Sektkellerei.

Die Witwe war auf ein paar Entdeckungen eines Dominikanermönches aus der Abtei Hautvillers gestoßen, Dom Pérignon. Was dieser Gehilfe des Kellermeisters des Klosters etwa um 1688 entdeckte, verfeinerte sie mit Hilfe Kesslers und setzte es in großem Stil um. Dom Pérignon, auch nach ihm ist eine berühmte Champagnermarke benannt, ist eine legendenumwobene Figur. Die Winzer um Epernay erzählen die Geschichte so:

Der Dominikanermönch Pérignon war Gehilfe des Kellermeisters und ein Liebhaber des Weines – auf gut deutsch also ein

Alkoholiker. Eines Tages erklärte ihm der Kellermeister, dass das Kloster alle Weine aus den Fässern verkauft habe und er sie deshalb in Flaschen umfüllen müsse. Pérignon war klar, dass er nun bis zum nächsten Frühjahr warten musste, bis er wieder an einen guten Tropfen kam. Also entnahm er jeder abgefüllten und gezählten Flasche einen Schluck Wein und füllte ihn in zusätzliche Flaschen ein, die er mit einem Korken verschloss und im Gebälk seiner Klosterzelle versteckte. Damit hatte er aus Versehen bereits drei Erfindungen gemacht: Durch die Entnahme des Weins kamen neue Hefepilze in den Wein, er vermischte Weißwein und Rotwein, er benützte Korken. Immer wenn er nun von seinem Durst gequält wurde, nahm er eine der Flaschen heraus. Unter Seufzen musste er feststellen, dass sein kleiner Vorrat niemals das ganze Jahr halten würde, also legte er die Flaschen wieder zurück (damit hatte er auch – ohne es zu wissen – das Schütteln des Weins erfunden). Nach strengen Frostnächten entdeckte er, dass sich die abgestorbene Hefe in den Flaschenhälsen in Eispfropfen verwandelt hatte. Er öffnete die Flaschen und entnahm den vereisten Trub, verschloss die Flaschen wieder und umwickelte sie mit einem Gärtnerdraht (wieder hatte er eine Entdeckung gemacht: die Entnahme des Trubs unter Eis, sodass die Kohlensäure der zweiten Gärung nicht entweichen konnte). Durch das Eis hatte er allerdings nicht bemerkt, dass die Flaschen unter Druck standen. Im nächsten Frühjahr endlich nahm er eine solche Flasche, entkorkte sie und wollte sich einen lang ersehnten Schluck gönnen, denn nun war ja bald der neue Wein in den Fässern vergoren und sein Fasten hatte somit ein Ende. Mehr als erschrocken war er, als ihm beim Öffnen der Flasche der vermeintliche Wein nur so um die Ohren flog. Er trank den übrig gebliebenen Rest und war entzückt. Sein Freudengeschrei lockte die anderen Brüder und den Abt herbei. Nun musste er beichten – und nachdem der Abt von seiner Entdeckung gekostet hatte, wurde er der neue Kellermeister der Abtei.

Eigentlich sind das, bis auf die Dosage, mit der man unter Zuhilfenahme von Zucker und altem Wein den endgültigen Geschmack des Champagners bestimmt, alle Verarbeitungsschritte des Champagners. Madame Clicquot wandte sie an und verfeinerte sie mit Hilfe ihres schwäbischen Kellermeisters. Nicht umsonst war der Champagner das Getränk für amouröse Stunden an allen Höfen Europas. Das muss wohl auch bei ihr gewirkt haben.

Doch der wackere Schwabe war mehr an der Herstellungsmethode als an der Witwe interessiert. So kam Deutschland zu seinem eigenen Sekt. Und das Haus »Kessler-Clicquot« wurde nie gegründet.

Guck, wia's blubbert

[guk viɐs blubɐd]

Vom Prälatenhobby zur Weltmarke

Auch wer, wie unter Christenmenschen üblich, darüber jammert, dass bereits Anfang November die Kaufhäuser und Läden auf Weihnachtsdekoration umstellen, nimmt gern zu Weihnachten und erst recht zu Neujahr eine Sektflasche in die Hand, entkorkt sie fachmännisch und verbindet den Genuss des perlenden Getränks mit moralischen Ansprachen oder guten Wünschen. Doch nur wenige Moralisten wissen, dass die deutsche Wiege des perlenden Weingetränkes in Württemberg lag. Dies war zu einer Zeit, in der Württemberg so stramm pietistisch war, dass es das »protestantische Spanien in Deutschland« genannt wurde, in Anspielung auf die Orthodoxie sowie die rigorose jesuitische Glaubensumsetzung in Spanien.

»Ach wie herrlich perlt die Blase, der Witwe Klicko in dem Glase.« Wilhelm Busch, ein Fan der Champagnermarke Veuve Clicquot, übersah, dass der gebürtige Heilbronner Georg Christian Kessler die Ideen der Champagnerherstellung zurück nach Württemberg gebracht hatte und in Esslingen die älteste Sektkellerei Deutschlands gründete.

Die württembergischen Versuche, Schaumwein aus Wein herzustellen, sind jedoch viel älter. 1766 berichtet der Prälat Balthasar Sprenger, Professor für Theologie und Hofprediger am evangelisch-theologischen Seminar in Maulbronn seinem Herzog Carl Eugen, dass er Fortschritte beim Ausbau qualitativ

ansprechender Weine mache. Zusammen mit dem Maulbronner Kloster und Weinbergverwalter Johann Conrad Nast hat er erfolgreiche Versuche mit Clevner und Ruländertrauben vom Eilfingerberg angestellt. Dem Verschnitt der beiden Traubensorten unterzogen sie eine zweite Gärung und stellten einen Schaumwein her, über den sie dem Herzog berichteten: »Die Farbe war gleich dem ächten Champagner, wie Wasser und die Güte außerordentlich. Ein zuverlässiger Zeuge ist hiervon der Herzogliche Kirchenrath, Expeditionsrath Herr Johann Ulrich Eisenlohr von Stuttgard, auf dessen rühmliche Erlaubnieß diese Probe aus den hiesigen Closter-Weinbergen gemacht worden.« Das ist der erste überlieferte Hinweis auf eine Schaumweinherstellung in Deutschland.

Leider blieb der Erfolg aus. Die Historiker wissen nicht, wie der Herzog darauf reagierte. Auch dürfte der Anteil an explodierenden Flaschen so hoch gewesen sein, dass nur eine kleine Anzahl den Keller verlassen haben dürfte. Eine große Verlustrechnung also. So ist das Experiment dann auch eingestellt worden. Erst 50 Jahre später war Georg Christian Kessler erfolgreich.

Heute sind die Deutschen – und nicht etwa die Franzosen – die Weltmeister im Sekttrinken. Sie bringen es auf einen Pro-Kopf-Verbrauch von fünf bis sechs Litern im Jahr, die Franzosen lediglich auf drei Liter. Kein Wunder also, dass jung-schwäbische Weingärtner diese Tradition wieder aufgegriffen haben und eigene Winzersekte auf den Markt bringen – mit durchschlagendem Erfolg übrigens.

Der Protestant wird es mit gemischten Gefühlen lesen. Sogar ein Prälat stand an der Wiege des Schaumweins – so ebbes. Aber so geht es eben zu in der gefallenen Welt. Seit der Vertreibung aus dem Paradies »isch halt älles nex me!«.

D'r Kropf d'r Schwoba

[dɐ kropf dɐ schvːobɐ]

Über die Anfänge der Pharmazie – nicht nur in Schwaben

Allein auf die Dosis komme es an und nur die mache den Unterschied zwischen Arznei und Gift aus. Das meinte jedenfalls Paracelsus von Hohenheim, dem man wegen seines »bombastischen« Auftretens den Spitznamen Bombastus gab, was er sofort seinem international bekannten Namen hinzufügte: Paracelsus, Philippus Theophrastus Bombastus von Hohenheim. 1493 in der Nähe von Zürich als Schweizer Schwabe geboren, brachte er bald den ganzen medizinischen Betrieb in Europa durcheinander. Nicht nur deshalb, weil er überall erfolgreich versuchte, den medizinisch akademischen Lehrbetrieb lächerlich zu machen. Er dachte, ähnlich wie sein antikes Vorbild Hippokrates, ganzheitlich und glaubte an die Selbstheilkräfte des Körpers – so öffnete er der Naturheilkunde die Türen.

In Schwaben hatten die alten Menschen bis zu Beginn des letzten Jahrhunderts häufig »Kröpfe«. Paracelsus war der erste, der einen Zusammenhang zwischen dieser Erkrankung und dem Mangel an Mineralien erkannte. Seine Erkenntnisse wurden jahrhundertelang vergessen, bis man entdeckte, dass der Mangel an Jod den Schwaben die Kröpfe brachte – im Gegensatz zu den »Fischköpfen« im Norden, die das Phänomen nicht kannten, weil Meeresluft und Hering jede Menge Jod in die Nahrung brachten und so die Kröpfe verhinderten. Wegen seiner »Gosch« und seiner Pädagogik – Paracelsus lehrte auf

52

Deutsch und nicht auf Lateinisch, was Scharen von Studenten anzog – wurde er an allen Universitäten verfemt und zog ständig von Uni zu Uni, von Lehrauftrag zu Lehrauftrag.

Auch eine andere Koryphäe der internationalen Medizin kam aus Schwaben: Leonhart Fuchs. Dieser wurde 1501 bei Nördlingen geboren. Sein medizinisches und botanisches Wirken war so bedeutend, dass er noch 1696 weltberühmt war, sodass der Botaniker des französischen Königs, Charles Plumier, eine Pflanze, die er auf einer Expedition auf den Antillen (dem heutigen Haiti) entdecke und mit nach Europa brachte, nach dem großen schwäbischen Arzt und Botaniker benannte: So erhielt die »Fuchsie« ihren Namen.

Leonhart Fuchs sympathisierte schon früh mit der Reformation und wurde auf Empfehlung von Philipp Melanchthon an die Universität Tübingen gerufen. Bereits 1530 hatte er ein Buch mit dem Titel »Irrtümer neuerer Ärzte« geschrieben, das ihn auf einen Schlag weit über die Landesgrenzen hinaus bekannt gemacht hatte. Darüber hinaus schrieb er einen Leitfaden der Medizin, der zum meistgelesenen medizinischen Lehrbuch seiner Zeit wurde.

Als glühender Verfechter der Reformation setzte er unter Herzog Ulrich die Reformation an der Universität Tübingen um. Als Dekan der medizinischen Fakultät krempelte er den gesamten Lehrbetrieb um. Seine 1538 verfassten Fakultätsstatuten hatten immerhin bis ins 18. Jahrhundert Gültigkeit. Er forderte seine Studenten auf, ihr Wissen nicht nur aus alten Büchern zu schöpfen, sondern am Menschen und in der Natur zu erkennen. Also zog er mit seinen Studenten hinaus auf die Schwäbische Alb, ließ sie Heilpflanzen suchen und bestimmen. In Tübingen legte er Heilkräutergärten an und schuf so den ersten botanischen Garten. Die Fakultät brachte er 1546 dazu, erstmals ein menschliches Skelett anzuschaffen. Bei aller Hingabe an sein Fach war er nicht betriebsblind, sondern kümmerte sich um die Reform der gesamten Universität. Das war kein leichtes Unterfangen, denn Betonköpfe gab es auch damals schon genügend. So stellte er mit eigenem Geld drei katholische Kirchenmaler an, die während der Reformation arbeitslos wurden, aber ausgezeichnet malen konnten. Sie ließ er Heilpflanzen malen – bis heute Kostbarkeiten der Buchmalerei allerersten Ranges. Für die Fachleute wurde sein in Latein geschriebenes Buch über die Lebensgeschichte der Heilpflanzen – De historia stirpium, 1542 erschienen – zum Buch der Erkenntnis. 1543 setzte er noch eines drauf: Er schrieb das Buch in Deutsch und gab ihm den Titel »New Kreüterbuch in Teütscher spraach«. Also zwei Bücher von Weltrang.

Viele Pflanzen wurden von ihm erstmals erkannt und bekannt gemacht, so auch der ursprünglich aus Amerika stammende Mais, mitgebracht von den spanischen Konquistadoren. Als »Türkisch Korn« ist er bei ihm abgebildet und beschrieben. Erst über venezianische Händler kam der Mais dann jedoch nach Schwaben und erhielt seinen bis heute gültigen schwäbischen Namen: Welschkorn. Fuchs ließ alle damals bekannten Pflanzen malen – immer neugierig auf das Neue. Hunderte von signierten original Aquarelle seiner Zeichner, zum großen Teil noch nie veröffentlicht, zählen heute zur Schatzkammer der Österreichischen Nationalbibliothek in Wien. Kein Mensch weiß mehr, wie sie dort hingekommen sind.

Auch der reformatorische Christ Fuchs trat noch mehrfach in Erscheinung. Nachdem Württemberg 1546 von Kaiser Karl V. besetzt wurde, herrschte ab 1548 das sogenannte »Interim« – die katholischen Habsburger untersagten jede evangelische Weiterentwicklung und übten, mehr oder weniger heimlich, die erste Gegenreformation. Kurz vor dem Interim war Fuchs vom Herzog zum Superattendent des Evangelischen Stifts in Tübingen ernannt worden. Das Stift hatte 1548 gerade das ehemalige Augustinerkloster bezogen, als die Katholiken kamen und natürlich alles versuchten, das Kloster wiederzuerlangen und das Stift insgesamt aufzulösen. Bis 1561 trickste sie Fuchs mit allen diplomatischen Winkelzügen immer wieder aus – so blieb das Stift bis heute evangelisch und im ehemaligen Augustinerkloster. Als das Interim vorbei war und die Reformation sich in Württemberg festigen konnte, übergab Fuchs nicht nur ein gerettetes, intaktes Stift, sondern auch eine reformierte Universität auf der Höhe des damaligen Fortschritts. Das soll ihm heute erst mal einer nachmachen. Wegen all seiner Verdienste ehrte ihn die württembergische Landeskirche zu seinem 500. Geburtstag, indem sie einen Lemberger aus der landeskirchlichen Weinserie nach ihm benannte.

Natürlich hatten die beiden Ärzte viele Gegner und Feinde. Paracelsus soll in Salzburg 1541 vergiftet worden sein – so eine der Legenden um seinen Tod. Schließlich brachen sie das alte

Weltbild auf, handelten gegen jede Konvention, akzeptierten keine Grenzen (»Das haben wir schon immer so gemacht!«), schlugen neue Wege ein (»Das haben wir noch nie gemacht!«) und ließen sich nicht beirren (»Da könnte ja jeder kommen!«). Sie widersetzen sich den Reaktionären – Paracelsus immer irgendwie auf der Flucht, Fuchs mit List und Diplomatie – und waren deshalb verfemt. Aber beide haben so die Menschheit weitergebracht. Ihre Entdeckungen wirken heute noch.

Wenn wir heute um Chancen und Grenzen der modernen Medizin streiten, sollten wir das selbstkritisch bedenken. Paracelsus und Fuchs waren für ihre Zeitgenossen mehr als modern.

Pscht! Kau' d' Renda vom Wacholder

[pschd kau drendɐ fom vacholdɐ]

Über die »weisen Frauen« in Schwaben

» … ond na wirschd des Kendle los!«. Die »weisen Frauen« – die Hebammen – wussten im alten Schwaben, wie es geht. Waren bereits vier oder fünf Kinder in der Familie, musste man sich behelfen. Denn die Nahrungsmittellage in der allgemeinen Armut war brisant. Kinderreichtum sicherte zwar die Altersfürsorge, aber mehr als fünf Kinder, die das dritte Lebensjahr erreicht hatten, brachte man nicht durch. Meldete sich trotzdem wieder Nachwuchs an, war guter Rat teuer. Da verließ man sich auf das, was die Frauen noch von ihren Großmüttern wussten oder dem, was die »weise Frauen« traditionell überlieferten. Etwa das Kauen von Wacholderrinde oder dem Brauen eines Suds aus derselben, den es dann zu trinken galt. Das löste starke Gebärmutterkrämpfe aus, was zum erhofften frühzeitigen Abgang des Fötus führte. Andere mittelalterliche Gifte sollen ähnliche Wirkung gehabt haben: Mutterkorn, Gartenraute, Reinfarnöl und Petersilienöl. Half das alles nicht, ging man zu Spülungen mit Senfpulver über. Half auch das nicht, blieb nach der Geburt nur noch die indirekte Kindstötung durch Vernachlässigung.

Wenn Frauen dem Kind nicht die Brust gaben oder zu früh abstillten, gab es eine sehr hohe Infektionsgefahr durch den verabreichten Brei. Die Wahrscheinlichkeit, dass das Kind nicht das erste Jahr überlebt, war dadurch sehr hoch. In Statistiken aus dieser Zeit kann man sehen, dass die Überlebenschancen von

Nachgeborenen sehr viel geringer waren, als die der Erstgeborenen.

Die Schwäbinnen hatten auch noch ihre eigene Methode: den Most. Kleinkinder bekamen von sehr früh an ihren »Schlotzer« – also ihren Schnuller. Früher war das ein Leinensäcklein mit einem Kandiszucker darin. Den legte man jetzt in abgestandenen Most und gab ihn dem Säugling. Durch den aufgeweichten Zucker kam der Mostgeschmack nicht so leicht durch. In der Regel bekam der Säugling einen tödlichen Durchfall davon. Dies wurde nachweislich in Tübingen bis zum Beginn des 19. Jahrhunderts stillschweigend angewandt. Wer sollte, unter den damaligen hygienischen Zuständen, einen tödlichen Durchfall eines Säuglings in der Unterstadt – also bei den armen Weingärtnern, den sogenannten »Gôge« – denn auch richten?

Solange es Klöster gab, gab es allerdings noch eine Alternative. Man legte den Säugling vor der Klosterpforte ab, zog an der Glocke und verschwand in der Dunkelheit. Dies alles in der Hoffnung, dem Kind dadurch eine höhere Überlebenschance zu geben. Zahlen dafür gibt es, außer einer Statistik aus Paris, fast keine. Zwischen 1773 und 1790 wurden dort jährlich zwischen 20 000 und 25 000 Kinder geboren. Davon wurden im Schnitt 5800 vor den Pforten der Klöster in der Stadt ausgesetzt. Mit Einführung der Reformation ging das natürlich in Württemberg nicht mehr – es gab keine Klöster mehr. Daher die Entwicklung der anderen Methoden.

Im Verlauf des 19. Jahrhunderts wurden die zahlreichen Hebammen durch männliche Gynäkologen ersetzt. Die Kenntnisse der »weisen Frauen« wurden ins Dunkle abgedrängt und gingen verloren. Mit dem Beginn der Industrialisierung aber wuchsen die Probleme. Aus armen Bauernknechten und Mägden, die in die Industrie gingen, wurden ja keineswegs reiche Leute, die sich zahlreiche Kinder leisten konnten. Im Gegenteil: Die Proletarisierung nahm zu. Mit ihr stieg die Zahl der Abtreibungen. Jetzt laborierten die sogenannten »Engelmacherinnen« mit Arsen, Phosphor, Blei und Chinin. Mit der Folge, dass nicht nur die Kinder, sondern auch viele Mütter starben. Noch in den zwanziger und dreißiger Jahren des letzten Jahrhunderts betrug die Zahl der Abtreibungen ein Viertel der Geburtenanzahl.

Dies alles ist auch eine Geschichte des Wertewandels. Im alten Schwaben war der Säugling noch kein richtiger Mensch. Ein Säugling zählte eigentlich nichts. Zwar setzte man einen solchen Winzling nicht mehr aus, wie noch in der Antike, aber vor einem Kloster stellte man ihn schon noch ab. Der Tod im Säuglingsalter war eine von der Gemeinschaft akzeptierte, von den Eltern stillschweigend vollzogene Form der nachträglichen Geburtenregelung, wenn die Arzneien der »weisen Frauen« vorher nicht halfen.

Seit der Industrialisierung und dem aufkommenden Proletariat musste man sich mit der Abtreibung verstärkt auseinandersetzen. Selbstverständlich war sie verboten. Aber die steigende Zahl von Frauen, die an den Folgen einer Abtreibung starben, verschreckte selbst die bürgerliche Schicht. Mit der Zeit kam die Erkenntnis auf, dass dies nicht nur mit sittlicher Verwerflichkeit und Unmoral zu tun hatte – schließlich fuhren noch bis vor wenigen Jahren die bürgerlichen Frauen nach Holland zur Abtreibung –, sondern auch mit Fragen der Armut in einer modernen Gesellschaft. Eine späte Erkenntnis.

Wenn man ein Kind haben will, muss man sich fragen, ob man es sich denn auch leisten kann.

Eine Frage, die sich die alten Schwäbinnen auch schon stellten, wenn sie ihren Wacholdersud anrührten. Vor 1000 Jahren. Ist das immer noch die Alternative – damals wie heute?

D'Flichtleng kommet!

[d' flichtliŋ komɐd]

Über aus- und wieder eingewanderte Schwaben

Was war das für ein Schock für die schwäbischen Familien, als kurz vor oder kurz nach dem Ende des Zweiten Weltkrieges der Gemeindebüttel vor der Tür stand und Zimmer im Haus für die Flüchtlinge aus dem Osten beschlagnahmte. So kamen sie, oft mit nicht mehr als einem Pappkoffer in der Hand, zogen ein und benützten Waschküche und Küche mit. Da prallten Welten aufeinander. »Ond katholisch send se au«, mussten die Hausherren erkennen. Hatte zum Beispiel Welzheim bis zum Ende des zweiten Weltkrieges noch ein Dutzend Katholiken, waren es nun auf einmal Tausende. Kulturrevolution in Schwaben.

Den wenigsten Einwohnern war bewusst, dass da Schwaben wieder zu Schwaben kamen. Im 18. Jahrhundert waren nämlich viele ausgewandert – nicht nach Amerika, sondern in den Osten. Anfangs des 18. Jahrhunderts hatten Prinz Eugen und Markgraf Ludwig von Baden (genannt der »Türkenlouis«) das Banat und die Batschka an der Donau aus dem Osmanischen Reich zurückerobert. Kaiserin Maria Theresia bot daraufhin das Land den Süddeutschen zur Besiedlung an – verbunden mit vielen Privilegien, wie Steuerfreiheit, Landerwerb und Befreiung vom Militärdienst. So zogen viele Schwaben die Donau hinunter, bestiegen in Ulm die »Ulmer Schachteln« und fuhren ins gelobte Land. Ab 1730 siedelten sie auf Staatsbesitz, den sogenannten Kameralgütern. Ungarn, Serben, Kroaten und Türken lebten dort in eigenen Dörfern. Nun kamen die Donauschwaben auf kaiserlichem und königlichem Besitz hinzu. Die Besiedlung war so erfolgreich, dass das Dreieck zwischen Barenju und Branau schon bald die »Schwäbische Türkei« genannt wurde. So folgte »Schwabenzug« auf »Schwabenzug«. Dort schlugen sie Wurzeln und siedelten bis zu ihrer Vertreibung nach dem Zweiten Weltkrieg.

Kaiserin Katharina die Große machte es der Deutschen Kaiserin Maria nach: Am 22. Juli 1763 lud sie per Manifest die Süddeutschen ein, das russische Zarenreich zu besiedeln. Auch sie stieß auf offene Ohren. Lebten doch im Jahr 1750 in Deutschland bis zu 60 Menschen pro Quadratkilometer – für ein reines Agrarland, das Deutschland damals noch war, bedeutete dies Überbevölkerung und damit Landmangel. Eine hohe Steuerlast sowie Heeres- und Frondienste kamen dazu. Der württembergische Herzog bezahlte sein Schloss in Ludwigsburg hingegen mit dem Verkauf von Soldaten an die Engländer – »ab nach Kassel« (Sammelplatz der Truppen für das in England regierende Haus Hannover) hieß das damals. Damit besiegelte er das Schicksal vieler junger Männer, die als englische Truppen gegen die aufständischen Amerikaner eingesetzt wurden. Dass sie dort massenhaft desertierten und später auf Seiten George Washingtons gegen die Engländer für ihre neue Freiheit kämpften, steht auf einem anderen Blatt.

Zu all dieser Drangsal kamen noch die politische Unterdrückung, wirtschaftliche Not, Missernten und Hungerjahre hinzu. Da lockte die russische Zarin aus dem Hause Anhalt-Zerbst mit einem verlockenden Angebot: Befreiung von Abgaben und Steuern in den ersten zehn Jahren, Befreiung vom Militärdienst, freie Religionsausübung. Die ausgewiesenen Ländereien wurden zum Gemeingut jeder Kolonie, in der man dann wieder Grundstücke erwerben konnte. Da zogen die Württemberger,

Badener, Elsässer, Pfälzer und Hessen los. Allein zwischen 1763 und 1768 zogen 8000 Familien mit 27 000 Seelen an die Wolga. Aus dem kleinen Fischerdorf Odessa am Schwarzen Meer machten sie eine Handelsstadt. Das deutsche Viertel in Odessa wurde schon bald »Lutherischer Hof« genannt. Noch 1940 wurden in der Sowjetunion 3 300 deutsche Dörfer gezählt. Sie alle wurden von Stalin weiter nach Osten vertrieben – hinter den Ural bis weit über Kasachstan hinaus.

In der Mehrzahl waren die Donauschwaben und Russlanddeutschen im 17. Jahrhundert Bauern und Handwerker. Der Anfang der Besiedlung war sehr hart, aber sie hielten zusammen und schlugen sich so durch. Sie brachten den eisernen Pflug mit in den Osten und setzten auf ein anderes Wirtschaftssystem als ihre Nachbarn: die Drei- oder Vierfelderwirtschaft. Weil sie zudem offen für moderne Techniken waren, setzten sie als erste die Reihensähmaschine, Eggen, Dresch- und Mähmaschinen ein. Zunächst hatten die eigenen Handwerker die Geräte noch einzeln nachgebaut. Nach und nach entstanden dann kleine Fabriken und Mühlen. Sie bauten den Weinbau groß aus, die Mennoniten aus der Pfalz züchteten sogar eine eigene neue Rinderrasse (die »deutsche rote Kuh«). Die Erträge wuchsen stetig. Noch 1922 wurde eine durchschnittliche deutsche Siedlung von den russischen Behörden so eingeschätzt: »Ihre Wohnungen, die Siedlungen für das Vieh und überhaupt ihr Kulturniveau ist das Ideal für die Bauernschaft des Wolgagebietes und des ganzen Südostens [...]. Sie haben die ihnen gestellte Aufgabe, dem (russischen) Bauernstand als Muster zu dienen, erfüllt« (Sjurjukin, 1922). Die Herren Hitler und Stalin haben das alles zerstört.

Wer deren Wirken und das ihrer Helfershelfer überlebte, kam nach dem Zweiten Weltkrieg mit nichts in der Hand in die alte Heimat zurück. Die Donauschwaben etwa, die im Remstal oder im Welzheimer Wald landeten, hatten nicht einmal mehr die gleiche Sprache. Denn dreihundert Jahre Sprachentwicklung ließen Einheimische und Rückkehrer zu Fremden werden. Auch die Küche, die Art Feste zu feiern sowie die Religion waren anders geworden. In den gemeinsam genutzten Wohnräumen prallten Kulturen aufeinander.

Überhaupt die Religion. Bis heute habe ich noch in keiner Veröffentlichung die Namen der alliierten Kontrollratsoffiziere gefunden, die beschlossen, katholische Flüchtlinge in evangelischen Gebieten und evangelische Flüchtlinge in katholischen Gebieten anzusiedeln. So kamen das Remstal und der Welzheimer Wald zu »ihren« Katholiken, Obersschwaben und das Allgäu dagegen zu »ihren« Evangelischen (den sogenannten »Wiaschtgläubige«). Eine geniale Idee, auch wenn sie bei den Kirchenoberen beider Konfessionen seinerzeit Entsetzen auslöste. Denn natürlich blieb nicht aus, dass sich da ein evangelischer Kerle in ein katholisches Mädle »verguckt« – und umgekehrt. Schon war die »Mischehe« da und mit ihr jede Menge Probleme. Sowohl in den Familien wie auch in den Kirchen. Aber die Welt kam dadurch in Bewegung.

So wurde durch den Beschluss einiger unbekannter Offiziere das möglich, was der Ökumene noch immer ungeheuren Auftrieb bringt.

S'kommt halt doch a fremder Sama rei'

[s komd hald doch ɐ frɔmdɐ saːmɐ rai]

Auf ins Schwabenland – Migration nach Württemberg

Mit diesem Ausruf reagierten der Überlieferung nach viele Württemberger, als 1699 der württembergische Herzog Eberhard Ludwig den aus Frankreich und Savoyen vertriebenen Waldensern Aufnahme in Württemberg gewährte. Schon früher hatten die aus Frankreich vertriebenen Hugenotten angeklopft, wurden aber abgelehnt und zogen nach Preußen weiter, wo sie unter dem Großen Kurfürsten, Friedrich Wilhelm von Brandenburg, herzlich aufgenommen wurden. Sie brachten Kultur, wirtschaftliche Kenntnisse und ihre internationalen Verbindungen in die »Streusandbüchse des Heiligen Römischen Reiches Deutscher Nation« ein und machten so erst aus Preußen einen blühenden Staat. Der württembergische Hof hätte sie zwar gerne hier angesiedelt, aber die alteingesessenen Familien, und damit der Landtag, waren dagegen. Als die Waldenser dann anfragten, versprach man sich einen ähnlichen Erfolg wie in Preußen, übersah aber, dass hier nicht die Elite Frankreichs kam, sondern arme Bergbauern.

Im Bewusstsein der Württemberger spielte immer die Emigration eine große Rolle – zuerst die »Schwabenzüge« entlang der Donau in den Osten, dann im 19. Jahrhundert die großen Auswanderungswellen nach Amerika. Vor allem in die USA, aber auch nach Brasilien, wo es heute noch einen Landstrich am

Amazonas gibt, der »Neu-Württemberg« heißt. Völlig vergessen ist aber, dass es auch Migration nach Württemberg gab. Einwanderer kamen und blieben – am bekanntesten sind eben die Waldenser.

Doch schon 1599 lud Herzog Friedrich österreichische Protestanten aus der Steiermark, Kärnten und Krain ein, sich in Württemberg niederzulassen. Der damalige österreichische Erzherzog und spätere Kaiser Ferndinand II betrieb eine rigorose Zwangskatholisierung in seinen Gebieten. Wer protestantisch bleiben wollte, musste auswandern. Württemberg nahm die Flüchtlinge auf.

Eine weitere Einwanderungsbewegung nach Schwaben ist bis heute nahezu unbekannt geblieben. Nach dem Dreißigjährigen Krieg war Schwaben »wüst und leer«. Nicht nur die österreichischen und schwedischen Truppen hatten das Land verwüstet und die Bevölkerung dezimiert – die in den Jahren 1635/36 wütende Pest raffte die hungernde und geschwächte Bevölkerung zusätzlich dahin. Eine Infrastruktur gab es vielerorts nicht mehr, weil es keine Menschen mehr gab. Bei den Nachbarn sah es anders aus. Da der Krieg bis hierhin nicht vorgedrungen war, litten die Schweiz und das österreichische Vorarlberg unter einer zu großen Bevölkerung, sodass sich die vielen Menschen nicht mehr ernähren konnten. So setzten sich jedes Frühjahr tausende arbeitssuchende Frauen und Männer von dort aus in Bewegung, um in Oberschwaben und Württemberg Arbeit zu finden. Die meisten kamen im Frühjahr und zogen im Herbst wieder zurück in die Heimat. Doch viele blieben auch, wurden sesshaft und bauten sich eine neue Existenz auf.

Ins katholische Oberland zogen die ebenfalls katholischen Vorarlberger und Arbeitssuchende aus dem Bregenzer Wald. In den Kraichgau und besonders in das Amt Urach kamen die Schweizer. Die zum Amt gehörende Albhochfläche war damals praktisch menschenleer, die Dörfer lagen »in der Asche«. Die

Schweizer kamen – und blieben. Nun waren die Schweizer reformiert, die Schwaben aber lutherisch. Dennoch gab es kaum Schwierigkeiten. Es war einfach niemand mehr da, der hätte Schwierigkeiten machen können – zudem der württembergische Gottesdienst dem reformierten Gottesdienst sehr ähnlich war. Denn die württembergische Reformation war ja ebenfalls von der reformierten Gottesdienstform geprägt (Zwingli, Bucer und Brenz lassen grüßen). So ist nur von ganz wenigen Fällen bekannt, in denen sich die »neuen Schwaben« weigerten, lutherisch zu werden.

Zunächst wurde den Neubürgern noch das Bürgerrecht verweigert. Was ihnen jedoch wenig ausmachte, da sie damit auch nicht das Bürgergeld bezahlen mussten, das sie wegen ihrer Armut ohnehin nicht hätten bezahlen können. So gestand man ihnen das Bleiberecht zu. Bereits ihre Kinder jedoch bekamen das Bürgerrecht und schon nach Jahrzehnten schrieben die Pfarrer in den Tauf-, Ehe- und Totenregistern den Geburtsort nicht mehr hinzu. Die Einwanderer waren integriert.

Diese Einwanderungen hatten in der zweiten Hälfte des 17. Jahrhunderts ihren Höhepunkt. In Oberschwaben wurde damals jede dritte Ehe mit einem Partner aus der Schweiz oder dem Vorarlberg geschlossen. Ab 1708 werden in Cannstatt weitere reformierte Flüchtlinge – diesmal wegen ihres Glaubens ausgewiesen – aufgenommen und angesiedelt.

Das alles geschah ohne großes Aufbegehren der alteingesessenen Bevölkerung. Nur in einzelnen Gemeinden gab es hin und wieder Schwierigkeiten. Schwierigkeiten, von denen die alten Kirchenbücher allerdings nur in Einzelfällen berichteten. So finden sich Hinweise darauf, dass es Ortschaften gab, in denen der Begriff »Schweizer« ein Schimpfwort war. In einem alten Protokoll der Deutschordenskommende Altshausen ist zu lesen: »Im Juni 1667 klagten die Müller Jakob Dingler und Andreas Pfister aus Altshausen gegen den aus der Herrschaft St. Gallen eingewanderten Weber Johann Jakob Kaufmann, weil er sie als »Schweizer« beschimpft hatte.«

Deutschland sollte sich damit auseinandersetzen und akzeptieren, dass es schon längst zu einem Einwanderungsland geworden ist und entsprechende Gesetze zur Einwanderung erlassen. Und wer in der Diskussion von der »guten alten Zeit« schwärmt, sollte zur Kenntnis nehmen, dass das heutige Württemberg nur zu dem geworden ist, was es heute ist, weil es schon früher ein Einwanderungsland war und die Fremden integriert hatte.

Chaibeschwob

[schaibeschvo:b]

Über Schweizer und Schwaben

So nennen die Deutschschweizer die Deutschen hinter ihrem Rücken oder wenn sie wütend über deutsches Auftreten und Geprotze sind:»Sauschwaben«. Dabei übersehen sie, dass auch sie zum schwäbischen Volksstamm der Alemannen oder Schwaben gehören – auch wenn diese Zeit schon lange vorüber ist. So wie die Elsässer und Badener, die Augsburger und Bregenzer. Sie alle waren einmal Schwaben oder Alemannen. Dabei wurde der Begriff»Alemanne« seit dem 10. Jahrhundert durch den Begriff »Schwabe« verdrängt. Dazu gehörte neben einem einheitlichen Dialekt – wenn auch schon in verschiedenen Ausprägungen – auch ein gemeinsames Recht, niedergeschrieben im sogenannten»Schwabenspiegel«.

So saßen sie auch zusammen auf der»Schwäbischen Bank« im Reichstag, wenn auch politisch zerstritten, nebeneinander. Bei einem Wein oder Bier am Abend konnte man sich dann jedoch wieder bestens verstehen und austauschen. Erst mit dem Schweizerkrieg von 1499 löste sich das Gemeinsame zwischen den Schweizern und den Schwaben langsam auf. Die Humanisten griffen das auf und beschrieben den Unterschied zwischen den beiden Volksteilen. Bei ihnen galten die Schweizer als bäuerlich, wobei sie die schweizerische Selbstbestimmtheit übersahen, die im 14. Jahrhundert ihren eigenen Gründungs- und Befreiungsmythos erfand. Ausgerechnet der Schwabe Friedrich

Schiller hat den Schweizern mit »Wilhelm Tell« ihr Theaterstück zum eigenen Mythos geliefert. Wer je in den Genuss kam, den Wilhelm Tell von einer Schweizer Laienspielschar vorgeführt zu bekommen, begreift die Kraft der Mythen und versteht auch, warum Schiller zum Nationaldichter der Schweizer wurde.

Ladislaus Suntheim, Hofkaplan und Hofhistoriograph Kaiser Maximilians I, bereiste 1502/03 Schwaben und beschrieb die Landschaft so: »Die Preyskawer, Swartzwelder, Mortanawer und Turgawer sind alle Swaben und wellen doch nit Swaben sein, desgleich die Kreichgewer zwischen dem Neckher und dem Rin gelegen, sein auch Swaben ... und Heydelberg liegt in Swaben und wellen doch nit Sweben sein. Und was auf der ein seytten des Reins von seinem Ursprung bys gen Mannhiem ligt, ist alles Swaben landt« (zitiert nach Prof. Dr. Franz Quarthal, Universität Stuttgart). Noch Goethe sah im Schwarzwald 1775 die »schwäbischen Gebirge«. Das muss bei aller Regionalisierung heutzutage einfach mal festgestellt werden.

Diese Schwaben galten in der Zeit der Reformation noch als schlitzohrig und lebenslustig – ja, es war sogar von den »leichtfertigen Schwaben« die Rede. Dieses Bild verdüsterte sich bis zum 18. Jahrhundert komplett – nun wurden die Schwaben als dumm, schmutzig und faul angesehen. Noch um 1770 wurde Württemberg als ein »Sibirien des Geschmacks« angesehen – die rückständigste Provinz Deutschlands eben.

Bis ins 19. Jahrhundert lebten die Badener und Württemberger gut miteinander – trotz der »Gedichte in alemannischer Mundart« von Johann Peter Hebel. Erst dann begann die geistige Abtrennung eines eigenen alemannischen Stammes innerhalb der Schwaben. Zu spüren bekamen das auch die ersten Eisenbahnreisenden, als die Abfahrtszeiten der badischen Züge ab Pforzheim grundsätzlich nicht mit der Ankunftzeit der württembergischen Züge in Mühlacker zu koordinieren waren, sodass jeweils eine Nacht in den Hotels in Pforzheim und Mühlacker einzuplanen war, ehe man weiterreisen konnte. Alles Lokalkolorit, könnte man meinen. Allerdings nur bis dann zu Beginn des Zweiten Weltkrieges die badische Bevölkerung aus den Grenzgebieten zu Frankreich zwangsevakuiert und in württembergische Kreise verschickt wurde. Unter anderem darauf führen heutige Historiker die Reibereien anlässlich der Gründung des Bundeslandes Baden-Württemberg zurück.

Eine Grenze, die allerdings schon damals viele Badener und Württemberger einfach durch Heirat überwunden haben – wenn auch zum Verdruss der jeweiligen Verwandtschaft.

Die Liebe war halt doch größer als der verordnete Lokalpatriotismus.

Oh, mei' Mamma!

[o: mai mama]

Über Schwabens vergessene Mütter

Viele Geschichten sind voll mit den berühmten Söhnen Schwabens. Wo aber bleiben die Töchter? Nicht, dass es sie nicht gegeben hätte. Nur blieb von ihnen nicht viel übrig. Jedenfalls literarisch oder in den Geschichtsbüchern. Im Mittelalter konnten sie weder lesen noch schreiben. Gebildet waren nur wenige Damen an den Fürstenhöfen. Selbst als Herzog Christoph im 16. Jahrhundert mit der Einführung der allgemeinen Schulpflicht (Württemberg war hier mal wieder führend) per Gesetz den Schulbesuch auch für Mädchen möglich machte, dauerte es noch über 100 Jahre, bis man das gegen die dickschädeligen Bauernväter von der Alb dann auch durchsetzen konnte. Dennoch gibt es wenige Zeugnisse aus weiblicher Hand. Wenig dürfte geschrieben, das meiste dann später – wohl von Männern – vernichtet worden sein. Mädchen wurden früh verheiratet und starben oft schon als junge Frauen im Kindsbett. Wer sollte da, zwischen all dem Haushalt, der Landwirtschaft und den Kindern, Zeit und Muße haben, etwas aufzuschreiben? Etwas besser sah es nur bei adeligen Damen – literarisch betrachtet – aus. Aber auch das ist allzu dürftig, was sich in den Archiven finden lässt. Umso höher ist das Verdienst von Karin de la Roi-Frey zu werten, die als »reig'schmeckte« Stuttgarterin von der Nordseeinsel Föhr nach umfangreicher Recherche und fast kriminalistischer Spurensuche ein Buch über die

»Mütter berühmter Schwabenköpfe« geschrieben hat. Und darin findet man überraschende Beschreibungen.

So etwa die Geschichte von Friederike Rapp (1758–1831). Sie war die Enkelin des angesehenen Stuttgarter Hofkammerrates und Handelsmannes Johann Conrad Spring sowie seiner Frau Marie Margarethe, der Tochter eines wohlhabenden Stuttgarter Apothekers. Vater Spring hatte ein Problem: neun Töchter und nur zwei Söhne. So bringt er die Töchter in der Reihenfolge ihres Geburtsjahres unter die Haube. Am 4. Mai 1756 heiratet Maria Margarethe den Kaufmann Philipp Heinrich Rapp. Sie übernimmt Verantwortung für Haus, Hof, Kinder, Gesinde und Garten. Weil im Haus das Geschäft mit dem Tuchhandel untergebracht ist, übernimmt sie auch die Pflichten einer Unternehmerin. Immerhin ist der Hausherr oft auf Reisen. Erwähnt wird das natürlich nirgends. In diesem Unternehmerhaus wächst die erstgeborene Tochter Friederike auf, und lernt von der Mutter wie man kocht, die Kinder erzieht und den Haushalt führt. Sexualerziehung und Geburtskunde standen ebenfalls auf dem Lehrplan.

1778 beruft Herzog Karl Eugen den früheren Stiftler und jetzigen Hauslehrer, Johann Christoph Schwab, zum Professor an seiner Karlsschule. Sieben Monate später heiratet er Friederike Rapp. Wie die beiden sich kennengelernt haben, ist nicht überliefert. In Stuttgart gab es damals jedoch schon Schlittenfahrten, Kartenabende, Maskeraden und Gesellschaftsspiele wie »Blinde Kuh«, wozu sich die Honoratiorenfamilien wechselseitig einluden. Auf einer dieser Veranstaltungen dürften sich die beiden wohl kennengelernt haben. Nach der Heirat geht es aber erst mal um das tägliche Brot, denn Professor Schwab verdient nicht viel. Erst als niemand Geringeres wie Friedrich der Große, König von Preußen, ihn aus Stuttgart abwerben will, legt der Herzog einiges nach, um seinen Professor zu halten. Die Schwabs bleiben in Stuttgart.

Während in den Nachrichten von einer beginnenden Revolution in Frankreich berichtet wird, kommt im Juni 1792 der kleine Gustav zur Welt. Ein schwächliches Kind wird geboren. »Wird wohl kein Erdenbürger«, soll der Arzt bei der Geburt gesagt haben. Er hat die Rechnung ohne die fürsorgliche Mutter Friederike gemacht.

Auch als ihr Sohn Stiftler in Tübingen und anschließend Repetent ist, schreibt sie ihm regelmäßig. Eine enge Mutter-Sohn Beziehung wird in diesen Briefen sichtbar. Auch mit anderen steht sie in regem Briefkontakt. Als der Stuttgarter Diakon Adam Christian Dann nach einer Beerdigungspredigt, die dem König missfällt, sofort nach einem »rauen Albort« versetzt wird, hält sie Kontakt zu ihm. Er beschreibt in seinen Briefen sein Heimweh nach dem »lieblichen, friedsamen Familienkreis« der Schwabs und bezeichnet Friederike als seine »verehrteste Gönnerin«. Als Königin Katharina 1817 ihren legendären

Wohltätigkeitsverein gründet, bittet sie auch Friederike Schwab, diesem beizutreten. Sie entspricht gern dieser Bitte und nimmt die Gelegenheit bei Hofe zugleich wahr, ihrem Sohn Gustav die Anstellung als Professor am Stuttgarter Oberen Gymnasium zu besorgen. Mütter kümmern sich um ihre Kinder.

Friederike Schwab hat viel geschrieben. Keine Bücher, sondern Briefe. Und zusammen mit ihrem Mann ein eigenes Familienbuch mit dem Titel »Merkwürdigkeiten unseres Ehestandes«. Erst vor kurzem erhielt das deutsche Literaturarchiv in Marbach dieses Büchlein. Darin wird eine Frau lebendig, die ein großes, weites Herz mit viel Mütterlichkeit hatte – für ihren Sohn Gustav, aber auch für die vielen anderen, die in ihrem Hause verkehrten.

Obwohl die Frauen literarisch nichts galten und nur die Männer den Ruhm ernteten.

Bloß net krank werda

[blo:s ned krang wərdɐ]

Über die wohltätige Zarentochter

Kriegsjahre, Unwetter, Rinderpest und Missernten prägten die ersten Jahrzehnte des 19. Jahrhunderts in Württemberg. Das Land war hoch verschuldet und die Bevölkerung bettelarm. Das war die Zeit der großen Auswanderungen in die USA. Wer blieb, schlug sich mehr schlecht als recht durch und fand im schwäbischen Pietismus die richtige Glaubenseinstellung zum kargen Leben. »Hindurch, hindurch durchs irdisch Jammertal…«, wurde da, vom Harmonium begleitet, gesungen – und der Blick richtete sich ins Jenseits.

Erst langsam verbesserte sich die Lage. Aber noch in den 40er Jahren des 19. Jahrhunderts lebten von 1,8 Millionen Menschen in Württemberg 120.000 Familien unter dem Existenzminimum. Um nur am Existenzminimum zu leben, mussten in den Familien alle mitarbeiten – auch die Kinder. Wurden nun Vater oder Mutter krank, steuerte die Familie auf eine Katastrophe zu. Eine finanzielle Absicherung war nicht vorhanden: Versicherungen gab es noch nicht, der Staat kümmerte sich kaum oder nur unzulänglich um die Menschen. Auf den Dörfern gab es immerhin noch das »Heiligs Blechle« – eine Blechmarke vom »Heiligenpfleger« (dem heutigen Kirchenpfleger), die nur an örtliche Arme ausgegeben wurde und mit der diese berechtigt waren, immer mal wieder etwas Geld oder Lebensmittel gegen den Hunger zu bekommen. Aber nur dann, wenn es keinen »liederlichen Lebenswandel« gab. Betteln war schon »liederlich«.

In dieser Lage gründete Königin Katharina den »Wohltätigkeitsverein« mit seiner Zentrale in Stuttgart sowie zwölf Unterorganisationen im ganzen Land. Hier wurden private Spenden von betuchten Bürgern gesammelt (die Bürger wurden oft von ihren Frauen gedrängt, die Königin zu unterstützen). Ein bescheidener Staatsbetrag kam hinzu und die Königin gab reichlich aus ihrer Privatschatulle (als russische Zarentochter war sie wahrscheinlich die reichste Frau in Württemberg). Der Verein gründete Speiseanstalten und Suppenküchen. War die erste Not gelindert, kamen Beschäftigungsanstalten, Armenschulen für Kinder und Industrieschulen für Erwachsene hinzu. »Arbeit verschaffen hilft mehr als Almosen geben« war die Devise der Königin. Das war schon mehr als eine fortschrittliche Denkweise. So formulierte sie weiter: »Alle Armen, die Kraft zur Arbeit haben, müssen Gelegenheit und Auftrieb zur Arbeit haben. Alle Arbeitsunfähigen aber sollen nach ihren Umständen und Bedürfnissen versorgt werden.« Das könnte man noch heute als Ziel der Sozialgesetze formulieren.

In den wenigen Jahren bis zu ihrem frühen Tod war Königin Katharina sehr aktiv. Für Dienstboten und Angehörige der unbemittelten, arbeitenden Klassen gründete sie 1818 die einstige Landesgirokasse. Lange Zeit Württembergs modernste Sparkasse und offen für alle. Mit dem Katharinenstift wurde das erste Mädchengymnasium im Land eröffnet, mit der Gründung der landwirtschaftlichen Hochschule Hohenheim die Ausbildung im Agrarsystem eingeführt. Das heute noch existierende Katharinenhospital zeugt weiter von ihrem Wirken.

Freilich linderten all diese Anstrengungen nur die Not von wenigen. Der Masse der Bevölkerung blieb nichts weiter, als die Zähne zusammenzubeißen und sich jeden Tag durchs Leben zu kämpfen. Größte Sparsamkeit war notwendig und das Ausschöpfen aller Ressourcen, um zu überleben. So waren die

Schwaben bald wegen ihres Geizes verschrien, während sie sich in ihr Innerstes zurückzogen und ihrem eigenbrötlerischen Naturell nachgaben. Nicht wenige Tüftler und Erfinder sind aus diesen inneren Dialogen erwachsen. Tüftler, Ingenieure und Erfinder, auf welche die Schwaben auch heute noch offen stolz sind – und so tun, als wäre das hier völlig normal. So normal, wie eine Königin zu haben, die sich für die Ärmsten einsetzt. Noch heute wird ihr Grab auf dem Rotenberg regelmäßig mit frischen Blumen belegt gefunden. In ihr haben die Schwaben »helenga« ihre »protestantische Heilige« gefunden.

D'r oinzig Ma' en d'r Regierung

[dɐ õːɛntsig ma ən dɐ re'giːruŋ]

Magdalena Sybilla (1652–1712) –
Herzogin von Württemberg

Man schrieb das Jahr 1688, als die Truppen des französischen Marschalls Melác vor den Toren Stuttgarts standen. Der Marschall und seine Offiziere waren wegen ihrer Grausamkeit berüchtigt – das zerstörte Heidelberger Schloß ging auf ihr Konto. Als der »Verwüster der Pfalz« ging er in die Geschichte ein. Nur in Württemberg regte sich Widerstand – so nahmen ihn die »Weiber von Schorndorf« aufs Korn. Nun stand er jedoch vor Stuttgart. Die hohen Herren zu Stuttgart waren mitsamt dem Herzog bereits geflohen, das Konsistorium (der damalige Oberkirchenrat) gleich mit.

Da machte sich Magdalena Sybilla, Witwe des Herzogs Wilhelm Ludwig, von Stetten im Remstal aus auf den Weg. Sie war nach dem Tod ihres Mannes mit ihren Kindern als 25-Jährige 1677 ins Schloß nach Stetten gezogen, das ihr in ihrem Ehevertrag als Witwensitz zugesprochen worden war. Dort lebte die junge Witwe in tiefer Depression. Nun kehrte sie nach Stuttgart zurück und verhandelte mit den Franzosen. Das tat sie so geschickt, dass die Franzosen beeindruckt waren und Stuttgart zwar besetzten, aber nicht zerstörten. Durch die Politik gewann die Witwe neuen Lebensmut.

Als die hohen Herren der schwäbischen Regierung wieder nach Stuttgart zurückkehrten, wurde ihr das natürlich nicht gedankt. Wer dankt schon einer Frau, wenn man sich vorher als

Feigling erwiesen hat. So kehrte sie nach Stetten zurück und kümmerte sich um den Weinbau im Remstal. Das war auch bitter nötig, nicht nur wegen den Verwüstungen, die die Franzosen hinterließen. Vom Ruf »Neckarwein ist Schleckerwein«, der im Mittelalter dem gesamten Württemberger Wein galt, war nach dem Dreißigjährigen Krieg nichts mehr übriggeblieben. So ließ sie Weinbergmauern anlegen und die Staffeln ausbauen. Durch den terrassierten Weinbau wurde die Qualität verbessert. In einem ihrer Briefe schrieb sie: »In Stetten gibt's nicht Gold und Edelstein, in Stetten gibt's die edlen Wein.« Die Weine wurden so gut, dass ein junger Wengerter, der für sich und sein Gewerbe wieder eine Zukunft sah, ihr zuprostete: «Der Tropfen ist so gut, daß er sogar das Herz der Frau Herzogin fröhlich machen kann.«

1652 wurde sie in Darmstadt geboren und verbrachte ihre Jugendjahre bei ihrer Tante, der Königin von Schweden. Dort lernte sie der württembergische Erbprinz Wilhelm Ludwig auf einer Kavaliersreise kennen. Die beiden verliebten sich und 1673 wurde Hochzeit in Stuttgart gefeiert – drei Jahre später war sie Witwe. In Stetten ließ sie 1681 die Schlosskapelle bauen und mit von ihr erdachten Bildern und Reimen ausmalen – sehr zum Entsetzen der württembergischen Pfarrerschaft. Denn die Bilder waren viel zu »kabbalistisch« für das streng lutherische Land. Das Entsetzen nahm noch zu, als sie im Schloss den Sommersaal bauen ließ. Hier wählte sie Bilder aus der griechischen Mythologie. Damals gab es das Wort »pornografisch« zwar noch nicht, aber die Zeitgenossen hatten Empfindungen, die einen heute wohl beschleichen können, sieht man Pornografie. Das Entsetzen über die freizügigen, heute harmlos anzuschauenden Bilder prägte noch jahrhundertelang das Ansehen der Herzogin, sodass sie vom schwäbischen Pietismus einfach totgeschwiegen wurde. Schließlich konnte man die herzoglichen Bilder ja nicht einfach abkratzen.

Um den Weinhandel zu stärken, ließ sie die Handelswege von Stuttgart durchs Remstal ausbauen und führte die ersten Verkehrszeichen ein (»Weißer Stein«). Sie gründete eine Stiftung in Stetten, die sich um die Dorfarmen und Schulkinder kümmerte. 1710 schuf sie in Stuttgart die erste Stiftung für das herzogliche Waisenhaus, dessen Gebäude heute am Charlottenplatz zu bewundern ist. Weil sie mit dem Konsistorium noch eine alte Rechnung zu begleichen hatte, gründete sie das erste weltliche Gymnasium Württembergs – das heutige Eberhard Ludwig Gymnasium. Der Oberkirchenrat tobte, weil hier die geistliche Schulaufsicht wegfiel.

Sie schrieb Gebete und dichtete Kirchenlieder. Sie lebte ihren christlichen Glauben und wurde ein Segen für das Land. 1712 starb sie in Kirchheim/Teck und liegt heute in der Gruft der Stuttgarter Stiftskirche begraben. Pragmatisch wie sie war, ließ sie Jahre vorher schon ihren Sarg herstellen und mit ihren Lieblingsgestalten der Bibel verzieren, darunter auch ihrem Motto: »Mein Bleiben ist nicht in der Welt. Gott führt mich zu des Himmels Zelt.«

Aus dem Schloss Stetten ist heute die Diakonie Stetten geworden, die sich für Menschen mit Behinderung einsetzt. Der Sommersaal, die Schlosskapelle sowie die gesamte Schlossanlage werden so bis heute genutzt und in gutem Zustand gehalten. In Magdalena Sybilla haben die Stettener einen »Spiritus loci«, der es verdient, aus der Versenkung hervorgeholt zu werden.

Em Herzog sei Franzi

[ɐm ˈhɛrtsoːk sai frantsi]

Franziska von Hohenheim (1748–1811) – Erst Mätresse, dann Herzogin

Das adelige Mädchen wuchs in sehr bescheidenen Verhältnissen auf. Ihre Vorfahren waren große Landherren in der Steiermark gewesen, mussten aber als Protestanten in der Gegenreformation die Habsburger Lande verlassen. Das Vermögen blieb zurück. Einer von ihnen, Andreas Freiherr von Bernerdin zu Pernthum, kaufte 1640 von Herzog Eberhard III. von Württemberg das kleine Schloss Sindlingen im Gäu. Einer seiner Nachkommen heiratete Johanna von Vohenstein zu Adelmannsfelden, die Mutter Franziskas.

Mit 17 Jahren wurde Franziska mit dem Freiherrn Friedrich Wilhelm zu Leutrum verheiratet. Er wird als zwergenhaft klein und hässlich geschildert, als boshaft und verbittert. Er soll sie auch geschlagen haben. 1769 – mit einundzwanzig Jahren – begegnet sie dann dem Herzog Carl Eugen von Württemberg auf der Kurpromenade in Bad Wildbad. Er war zwanzig Jahre älter, galt als großer Verführer der Frauen, hatte unzählige Mätressen (Legenden sagen, halb Württemberg stamme von ihm ab) und führte sogar Buch über seine Liebschaften. Verheiratet war er mit Friederike von Brandenburg-Bayreuth, die allerdings schon seit Jahren wieder in Brandenburg lebte, da sie es in Ludwigsburg und Stuttgart nicht mehr aushielt. Der Herzog verliebte sich in seine neue Mätresse und verlor langsam das Interesse an all seinen anderen Frauen.

Damit er sie mit auf seine Reisen nehmen konnte, machte er sie mit Hilfe des Kaiserhofes in Wien zur »Reichsgräfin von Hohenheim«. Damit hatte ihre Kutsche ein gräfliches Wappen und konnte so im Zug des Herzogs mitfahren. Mit Hohenheim hatte sie ansonsten gar nichts zu tun. Zugleich nahm der Herzog der Familie Garb ihr Wirtshaus (ihr damaliges Wohnhaus hat heute noch als Wirtshaus »Garbe« einen guten Namen) und das danebenliegende, kleine Schlösschen Hohenheim weg.

Nun begann das lange Martyrium von Franziska. Da sowohl sie, wie auch der Herzog noch verheiratet waren, lebten sie in Sünde miteinander – zumal er Katholik war und sich schon deshalb nicht trennen konnte. Damit waren beide, was ihn aber nicht störte, vom evangelischen Abendmahl ausgeschlossen. Da sie jedoch eine Pietistin der ersten Stunde war, machte ihr das sehr viel mehr aus. So schrieb sie einmal einer Freundin: »Heute, als am lieben Karfreitag beweinete ich wieder von ganzen Herzen meinen auch so betrieblichen Sendenfall.«

Der Sündenfall wäre zu reparieren gewesen, wenn sie wieder zu ihrem Freiherrn zu Leutrum zurückgekehrt wäre. Aber gerade die württembergischen Prälaten beschworen sie darin, es nicht zu tun. Denn zum ersten Mal hatten sie nach vielen Jahren wieder Einfluss beim Herzog, und das nur wegen ihr. Bei allen anderen Mätressen war das nicht der Fall gewesen. Und der Herzog hielt nichts von seinen Prälaten und der evangelischen Kirchenleitung. Sie muss ihn einfach mit Herzenswärme und Harmonie so in Bann gezogen haben, dass all seine Lustschlösser wie Monrepos, Favorite, Solitude und Grafeneck keinen Reiz mehr für ihn hatten.

Sie war in den neuesten Dingen der Botanik, Zoologie und Astronomie sehr bewandert und auch insgesamt auf der Höhe ihrer Zeit.

Franziska ist seit 1772 von Leutrum geschieden. Der Herzog wiederum ist seit 1780 verwitwet. Aber eine erneute Heirat des katholischen Herzogs, noch dazu mit einer protestantischen Geschiedenen, kam für die katholische Kirche nicht in Frage. So ließen sich beide 1783 heimlich trauen und hielten diese Ehe auch verborgen. Jahrelange Verhandlungen mit dem Kaiser in Wien und der römischen Kurie führten 1785 endlich zum Ziel: Die römische Kirche erteilte Dispens, der Kaiser seine Zustimmung. Nun war sie Herzogin von Württemberg.

Täglich schrieb sie Tagebuch. Der Herzog ließ sich einmal im Monat die Tagebücher vorlegen. Viele davon sind erhalten geblieben. Sie hatte Humor, stand mit der Orthografie auf Kriegsfuß und verfasste viele drollige Wendungen, die den Herzog erheiterten. Er merkte nicht – oder wollte es nicht merken –, dass sie ihn mit ihren Beobachtungen und Bemerkungen in seinen Entscheidungen lenkte. Er las in ihren Tagebüchern Wendungen über sich und seinen Hof, die er beherzigte. So wurde er immer milder und wandelte sich vom Raubautz zum gütigen Landesherrn.

Der Herzog ließ Hohenheim ausbauen. Im botanischen Garten entstand ein Schweizer Dorf, wo die beiden als Senn und Sennerin auftraten – bis hin zum Kühemelken und Käsemachen. Dazu wurde das Dorf Birkach ausgebaut, die dortige »Franziska-Kirche« entstand. Franziska ging dort jeden Sonntag zum Gottesdienst, der Herzog holte sie ab, und wenn ihm die Predigt zu lange dauerte, klopfte er mit seinem Stock von außen an die Kirchentür und hielt den Pfarrer zur Eile an.

Zu Landfrauen, Schäfern und Bauern hatte sie ein natürliches, freundliches Verhältnis und nahm sie auch unter ihre Fittiche – nicht nur mit ein bisschen Mildtätigkeit. Das sprach sich bald herum und viele Menschen wandten sich an sie. Sie half, wo sie konnte, und wurde schon bald »der Engel Württembergs« genannt.

Einem half sie ganz besonders: dem verfolgten Theosophen Michael Hahn – einem der Väter des schwäbischen Pietismus und Begründer der »Hahn'schen Brüder«. Ihn und seine Freunde nahm sie auf ihrem Gut Sindlingen auf. Das war nicht württembergisch, sondern reichsherrlich, weshalb das württembergische Konsistorium dort nichts zu sagen hatte.

Hahn ist auch in Sindlingen gestorben und begraben. Auf seinem Grabstein steht als Beruf »ledig«. Ledig von allem, was ein Mensch braucht, ganz auf sich und seinen Glauben gestellt. Das haben ihr die frommen Schwaben nie vergessen – dass sie »wohl tat« und einen Angefochtenen und Verfolgten gegen alle Obrigkeit beschützte.

Auf der Gedenkschrift, die in Sindlingen unterhalb ihrer Büste in der Kirche steht, liest man: »Ihr Herz schlug warm für Gott und Menschen« und »Durch Wohltätigkeit und Frömmigkeit zeichnete sie sich aus«. (NACH MARTIN DECKER – HAUFF, DIE FRAUEN DES HAUSES WÜRTTEMBERG)

Oh Kerle, komm' du bloß hoim

[o: kɛrlə kom du: blos hoim]

Ein Loblied auf die Schwäbinnen

Wir Schwaben sind »helanga« stolz auf unsere vielen »G'scheidle« und »Käpsele« in allen Bereichen, aber zugeben können wir das nicht. Beleidigt aber sind wir, wenn die Anderen uns für dumm und einfältig halten. Eines aber müssen wir neidlos zugeben: Der erste Mensch war kein Schwabe. Dass Adam kein Schwabe sein konnte, kann man an drei Dingen erkennen: Ein Schwabe läuft tagsüber niemals »nacked« rum, ein Schwabe lässt sich nichts schenken und ein Schwabe hätte den Apfel nicht gegessen, sondern gemostet.

Aus dem Dunkel der Geschichte taucht zum ersten Mal eine Schwäbin mit Namen Sweva auf; eine tapfere Walküre aus der Edda-Sage. So tapfer sie war, konnte man das von ihrem Mann Helgi nicht gerade sagen. Also musste sie ihn zum Kampf anspornen, denn zum Helden taugte er nichts. »Oh Kerle, komm' du bloß hoim…« hieß es da. Sie besorgte ihm ein tapferes Schwert, trotzdem kehrte er todgeweiht auf seinem Schild heim. Noch auf dem Sterbebett befahl er ihr nach seinem Tod seinen Bruder Hedin zu heiraten. »Älles, bloß des nett…« rief sie daraufhin aus, ergriff das Schwert und durchbohrte sich selbst.

Julius Caesar war es, der in seinem Bericht über den gallischen Krieg einer Schwäbin ein Denkmal setzte. Die namenlose Heldin war die Frau des germanischen Heerführers Ariovist,

85

folgte ihm in die Schlacht und kam im September des Jahres 57 v. Chr., auf dem Rückzug nach der verlorenen Schlacht am Rande der Vogesen, beim Übergang über den Rhein ums Leben.

Die erste historische Schwäbin, die wir mit Namen kennen, war die Seherin Walburg. Ein griechisches Täfelchen mit ihrem Namen, aus dem 3. Jahrhundert stammend, wurde ausgerechnet in Elephantine am Nil gefunden – also in Oberägypten, kurz vor dem Assuan Staudamm. Zu jener Zeit, noch vor der Völkerwanderung, siedelten die Schwaben rund um Berlin. Damals traten ganze germanische Truppen geschlossen ins römische Heer ein und so kann man vermuten, dass sie als Prophetin und Seherin bei der Truppe mit nach Ägypten versetzt oder eben als Sklavin von römischen Kaufleuten dorthin verkauft wurde. Aber sie muss eine besondere Frau gewesen sein – sonst hätte man sie nicht als »Seherin« verewigt.

Die erste Schwäbin, von der wir etwas mehr wissen, kommt aus dem Schwarzwald und hieß Bissula. Der Römer Ausonius war der Lehrer des Sohnes des römischen Kaisers. Als er in Pension ging, bekam er 386 n. Chr. eine junge Sklavin zur Frau. Der alte Römer war verliebt in die junge Schwarzwälderin. Aus Bordeaux, wo die beiden lebten, ist ein von ihm verfasstes Gedicht überliefert, in dem er sie beschreibt: »Der Augen blau, die Haut so licht und lind, das blonde Haar gibt von Germanien Kunde. Schaust du sie an, ein echtes Schwarzwaldkind, doch römisch klingt es von dem schönen Munde.« Ausonius ließ seine Bissula porträtieren. Das Bild ist nicht mehr erhalten, jedoch die Malanweisung für den Künstler: »Mische der Lilie Weiß mit dem Rot der purpurnen Rose, denn nicht Wachs noch künstliche Farben können ihr Bild hier malen. Wo alles natürlich Anmut, da endet die Kunst…«

Wegen ihrer Schönheit wurde auch Hildegard, die zweite Frau Karls des Großen, überall im Reich verehrt. Sie stammte aus der Familie der alten schwäbischen Herzöge aus Oberschwaben. Karl der Große liebte sie von seinen insgesamt fünf Ehefrauen am meisten. Sie war dreizehn Jahre alt als Karl, damals neunundzwanzig Jahre alt, sie im Jahre 771 heiratete. Dreizehn Jahre waren die beiden verheiratet, bis sie 784 bei der Geburt einer Tochter starb. Am Hof herrschte tiefe Trauer, war sie es doch, die sich für das kulturelle Leben einsetzte und die Wissenschaften förderte. Eine pädagogische Revolution hat sie auch eingeführt: Sie sorgte dafür, dass die Töchter der Adligen am Hof die gleiche wissenschaftliche Ausbildung wie die Söhne bekamen.

Ihr Sohn war Ludwig, der nach der Teilung des Reiches Karls des Großen als Ludwig der Fromme Kaiser von Deutschland wurde. Auch der nahm sich als zweite Frau eine Schwäbin. Judith, eine Welfin, war damals die schönste Frau Deutschlands, kraftvoll, leidenschaftlich, gebildet und durchsetzungsstark. Alles Eigenschaften, die man von ihrem Gemahl nicht behaupten konnte. Weshalb im Reich schnell klar war, dass man eigentlich von einer Kaiserin regiert wurde. Als echte Schwäbin war sie allerdings auch »interessiert«, weniger an Geld als an Macht für

ihre Familie. Das führte zu Aufständen, Bruderkriegen, schließlich zur Teilung des Reiches und damit zur Urfehde zwischen den Welfen und den Staufern. »Hie Welf! Hie Waibling«, der Kampfruf der späteren Zeit hat hier seinen Ursprung. So wurde sie schließlich nicht nur als »schön«, sondern auch als »räs« beschrieben. Allerdings waren ihre Gegner auch nicht zimperlich. Weil sie nicht anders mit ihr fertig wurden, erzählten sie im Reich Geschichten über ihre angebliche Untreue. Damit war sie besiegt. Ihre Widersacher nahmen sie gefangen und zwangen sie in einem französischen Kloster den Schleier zu nehmen – sie wurde gezwungen Nonne zu werden, obwohl sie stets ihre Unschuld beteuerte. Erst als der angebliche Verführer ihr ein Alibi ausstellte, das sogar den Papst überzeugte, sodass der sie vom Klostergelübde befreite, wurde sie wieder als Kaiserin eingesetzt. Eine Lebensgeschichte, die man in Hollywood verfilmen könnte.

Noch ein Vorbild treuer Liebe gehört hier genannt. Es handelt sich dabei um Wendelgard, die Gräfin von Buchhorn (dem heutigen Friedrichshafen) war. Ihr Ehemann, Graf Udalrich, war 926 im Krieg gegen die Ungarn verschollen. Sie hielt ihm die Treue, lehnte alle Werbungen ab und ging nach St. Gallen ins Kloster. Als sie 930 zur Totenmesse für ihren verschollenen Gemahl nach Buchhorn zog, kam ein Bettler auf sie zu, der die Nonne küsste. Da ihre adeligen Begleiter die Schwerter zogen, gab sich der Bettler als ihr Ehemann zu erkennen. Eine alte Narbe, die sie kannte, überzeugte sie vollends. Das rührte auch den Bischof von Konstanz, der sie von ihrem Klostergelübde entband und die beiden lebten noch lange zusammen. Eine Geschichte, die nicht nur das Mittelalter bewegte. Aus einem solchen Stoff entstehen Märchen.

Kein Wunder, dass wegen solcher Geschichten die Schwäbinnen im Mittelalter als die schönsten und treuesten Frauen in Deutschland galten.

Am liabsta wär i Kranka-mutter worda ...

[am libschtɐ vɛːr i: krangemudɐ vordɐ]

Noch einige berühmte Schwäbinnen

Oma Moser zeigte, wo es lang geht und wie es gemacht wird. Sie, die Tochter eines Bürgermeisters, nahm sich ihrer 1550 in Herrenberg geborenen Enkelin Maria an. Die junge Maria, schlank, groß und kräftig, sah ihrem Vater Johann Jakob Moser, der in der württembergischen Verfassungsgeschichte bis heute einen guten Namen hat, sehr ähnlich. Ihre Mutter war früh verstorben und so kam sie zur Oma. Der Vater sorgte für eine gute Bildung, weckte die Liebe zu Kunst und Wissenschaft und erzog sie streng im christlich-evangelisch-württembergischen Glauben. Die Oma hatte täglich ein Zimmer des Hauses »offen«, in dem arme und alte Leute etwas zu Essen bekamen. Maria Moser (bei den Evangelischen wurde der Name der Gottesmutter auf der ersten Silbe betont, Katholiken betonten auf der letzten Silbe) half ihrer Großmutter dabei. Als diese krank wurde und schließlich starb, übernahm sie dann das »tägliche Zimmer« ihrer Oma. Das hat sie geprägt, und als sie 1576 den evangelischen Pfarrer Johann Andreae heiratete und mit ihm ins Pfarrhaus nach Hagelloch zog, machte sie es dort genau so. Ihr Mann, Sohn des Kanzlers der Tübinger Universität Jakob Andreae, verbrachte seine Zeit allerdings mehr mit fröhlicher Geselligkeit und alchemistischer Experimente als mit Predigt, Seelsorge und Gemeinde. Dafür war sie das geistliche und diakonische Zentrum mit immer mehr Zulauf, auch aus der Umgebung. Am liebsten wäre sie »Krankenmutter« geworden, soll sie einmal gesagt haben. Als ihr Mann nach Königsbronn versetzt wurde, machte sie dort mit viel Erfolg weiter. Dadurch wurde ab 1598 Herzogin Sibylle, die Frau von Herzog Friedrich, auf sie aufmerksam. Maria Andreae kannte sich mit Kräutern und Krankenpflege so gut aus, dass die Herzogin sie nach dem Tod des Pfarrers 1601 mit nach Stuttgart nahm. Dort baute sie am Hof der Herzogin eine Apotheke auf und wurde so zur ersten Apothekerin Deutschlands. In ihrer Apotheke wurden Arzneien kostenlos an arme Kranke abgegeben. Die Höflinge verspotteten sie, die mit ihrer Einfachheit, Schlichtheit, Kargheit und Frömmigkeit überall auffiel. Von den Armen und Kranken wurde sie dafür umso mehr geliebt. In der Stadt Stuttgart wurde sie als die »Mutter« verehrt.

Weiter erzählt die Geschichte Württembergs etwas über die 1707 geborene Magdalena Sibylle Rieger, die als Tochter des Maulbronner Klostervorstandes ganz selbstverständlich ins soziale Engagement hineinwuchs. Das war kein freiwilliges soziales Engagement wie wir es heute kennen – es war mehr ein Lernen durch Nachahmung. Aber wenn man so will, war das bereits ein pädagogisches Grundelement, das bis heute noch seine Gültigkeit hat. Nach durchstandener, schwerer Krankheit, die sie nur durch ihren großen Glauben überstehen konnte, wurde aus ihr eine Liederdichterin, deren Lieder es bis ins alte württembergische Gesangbuch schafften.

Herausragend in dieser Zeit war die »württembergische Tabea«, Beate Sturm, Tochter des Landschaftskonsulenten Sturm (heute entspricht diese Position etwa der des Landtagspräsidenten). Sie lebte ehelos in Stuttgart und wurde schon bald als »Heilige« verehrt und verspottet. Dazu passte auch, dass sie von einem entstellenden Augenleiden geplagt wurde. Sie kämpfte gegen den geistigen und geistlichen Hochmut in der Stadt, den sie »das geistlich Stölzle« nannte. Sie pflegte eine asketische Bedürfnislosigkeit und weil sie schon von Jugend an gelernt hatte, dass Worte ohne Taten nichts gelten, widmete sie sich von jungen Jahren an nicht nur dem Bibelstudium, sondern auch der wohltätigen Tat. »Sie wolle lieber Magd sein im unruhigsten Wirtshaus als in der Einsamkeit für sich leben«, sagte sie über sich und teilte ihr Leben lang ihren Besitz – das war am Anfang nicht wenig – mit den Armen und Kranken. Dabei war sie von heiterer Gelassenheit. Kein Wunder also, dass sie die »Heilige Stuttgarts« genannt wurde.

Noch eine »schöne Seele« – so wurden in damaliger Zeit diese engagierten Frauen genannt – sei hier erwähnt: Sophie Gutermann, geboren 1731 in Kaufbeuren. Ihr Vater wurde Arzt in Augsburg und die kleine Sophie, die mit drei Jahren schon lesen und schreiben konnte, wuchs ebenfalls in einem »offenen Hause« auf, in dem die Tür für Hilfsbedürftige offen stand. Auch für sie waren dies Erfahrungen, die sie ihr Leben lang prägen sollten. Sie war die Jugendliebe Wielands in Biberach, verlobte sich auch mit ihm, heiratete jedoch schließlich einen anderen: Georg Michael Frank von Laroche. Als Sophie von La Roche ging sie in die deutsche Literaturgeschichte ein – sogar von Goethe besucht und bewundert. Sie schrieb den ersten deutschen Frauenroman »Fräulein von Sternheim«, einen Erziehungsroman über die richtige Erziehung von Töchtern – ein Bestseller des 18. Jahrhunderts. Sie schaffte es, aufklärerischen Geist und pietistische Frömmigkeit miteinander zu vereinen – was keinem Mann gelang. Nebenbei: ihre Tochter Maximiliane heiratete den Frankfurter Großkaufmann Brentano und wurde die Mutter der Genies Clemens und Bettina von Brentano.

Soziales Engagement kann man nicht nur lernen, man muss auch davon wissen. Dazu muss man es kennenlernen können. Das gilt bis heute. Da lernt man den Menschen in seiner ganzen Bandbreite – in Höhen und Tiefen – kennen. Dann erst kann Großes daraus werden.

En Propeller nemmet mer als Zeicha

[ən pro:bɛlɐ nəmed mɐ als ˋtsaichɐ]

Was BMW den Schwaben zu verdanken hat

Schwaben sind stolz auf ihre Autobauer. Vor allem natürlich auf Gottlieb Daimler und Wilhelm Maybach. Carl Benz rechnen sie auch dazu, auch wenn der ein Badener war. Mit einem Augenzwinkern und nach einem guten Viertele zählen die Schwaben sogar Jean-Frédéric und Jean-Pierre Peugeot dazu. Waren die Mitglieder der Familie Peugeot doch nach dem Brenz'schen Katechismus konfirmiert worden. Kein Wunder, gehörte deren Geburtsstadt Mömpelgard (Montbeliard) doch über 400 Jahre zu Württemberg. NSU in Neckarsulm, gegründet vom Schwaben Christian Schmidt aus Riedlingen an der Donau, zählen sie ohnehin dazu. Nach einem weiteren Viertele haben sie sich auch mit Ferdinand Porsche in Zuffenhausen ausgesöhnt (der allerdings stammt aus Österreich). Aber dass es BMW ohne die Schwaben nie gegeben hätte, darauf muss man erst mal kommen. Und doch war es so.

Karl Rapp, 1882 im schwäbischen Ehingen an der Donau geboren, gründete 1913 in München die Rapp Motorenwerke GmbH. Die Firma baute Flugzeugmotoren. Im April 1917 änderte die Firma ihren Namen in Bayrische Motorenwerke GmbH, ein Jahr später in BMW AG. 1917 war auch das Jahr, in dem der 1883 in Urach geborene Max Friz als Ingenieur in die Firma eintrat. Bis 1902 hatte er sein Handwerk in der Dampfmaschinenfabrik Kuhn in Cannstatt gelernt, dann ging er nach

Esslingen in die königliche Baugewerbeschule. Beim Daimler baute er dann Motoren, so zum Beispiel den Grand Prix Automobil Motor, mit dem der schwäbische Rennfahrer Christian Lautenschlager, der Michael Schumacher des Kaiserreiches, 1914 den Großen Preis von Frankreich gewann.

Der schwäbische Tüftler und Ingenieur Max Friz baute nun für Karl Rapp den Höhenmotor BMW IIIa. Durch den von ihm erfundenen Höhenvergaser mit Überdruck bekam der Flugmotor in großen Höhen mehr Luft und damit mehr Leistung. 1919 erreichte ein Flugzeug damit heimlich die bis dahin noch nie erklommene Flughöhe von 9.760 Metern – obwohl da den Deutschen das Fliegen und Herstellen von Flugzeugen bereits durch den Versailler Vertrag verboten war. Später wurde der Motor in die sagenhafte Junkers F 13 eingebaut – dem ersten ernstzunehmenden Passagierflugzeug der Welt und Grundstein der deutschen Lufthansa. Der regelmäßige Passagierflugverkehr war geboren. Damals wurde auch das Logo von BMW erfunden: ein laufender Propeller in den bayrischen Landesfarben.

Doch wegen des Versailler Vertrags durften Max Friz und andere Ingenieure fünf Jahre lang keine Flugzeuge mehr bauen. Da hatte er eine neue Idee: Er baute Motorräder. 1923 entwarf er die BMW R 32 und setzte Meilensteine für den Motorradbau. Er baute den ersten Boxermotor in ein Motorrad ein und erfand den Kardanantrieb im Doppelrohrrahmen. Alles Bauideen, die sich noch heute in BMW Motorrädern umgesetzt finden. Nur fünf Wochen brauchte Max Friz für diese Entwicklung.

Als in Deutschland wieder Flugzeuge gebaut werden durften, entwickelte Max Friz auch wieder Flugmotoren. So entstand der Flugmotor BMW VI. Ihn benutzte der Norweger Roald Amundsen für seine Flüge über Nord- und Südpol, und der Schweizer Walter Mittelholzer flog damit zum ersten Mal längs über Afrika bis nach Kapstadt. Die Welt stand damals Kopf wegen der Taten dieser Flugpioniere.

Einen anderen Weg ist Karl Rapp gegangen. Nachdem seine Firma 1917, nach der Fusion mit der bankrotten Gustav Otto Flugmaschinenfabrik (Gustav Otto war der Sohn von Nikolaus Otto – dem Erfinder des Otto-Motors), zu BMW umbenannt wurde, stieg er aus dem Unternehmen aus. Mit dem legendären Auguste Piccard betrieb er später Höhenforschung. Ihre Ballons erreichten bis dahin nie für möglich gehaltene Höhen und wurden so zu Vorläufern der Raumfahrt.

Heute sind beide fast vergessen. BMW nennt in seiner offiziellen Firmengeschichte den 7. März 1916 als Beginn des Unternehmens. Damals ging aus dem Gustav-Otto Flugzeugwerk die Bayrischen Flugzeugwerke hervor (BFW). Aber auch die gingen 1917 bankrott und kamen zusammen mit den Otto-Werken zu den Rapp Motorenwerken. Karl Rapp hat dann der fusionierten Firma einen neuen Namen gegeben – eben BMW.

Heute fährt BMW einen Rekord nach dem anderen ein. Von dem schwäbischen Unternehmer und dem schwäbischen Ingenieur redet niemand mehr.

Ohne den Maybach wär d'r Daimler nix

[o:nə de:n maibach vɛ:r də daimlɐ niks]

Der König der Konstrukteure – Wilhelm Maybach

Roi des constructeurs« – König der Konstrukteure – nannten ihn die Franzosen bereits lange bevor auch die Deutschen merkten, was sie an ihrem Schwaben Wilhelm Maybach hatten: Einen genialen Erfinder, der wenig aus sich selber machte, bescheiden lebte und sich sein Leben lang mit der Rolle, in der zweiten Reihe zu sitzen, begnügte. Wenn er mitbekommen hätte, dass Daimler-Chrysler ihr absolutes Luxusauto nach ihm benennen würde, hätte ihn das sicher »helenga« gefreut, aber er hätte kein Wort darüber verloren und weiter an einem eigentlich unlösbaren technischen Problem »g'schafft«.

Am 9. Februar 1846 wurde er in Heilbronn geboren, mit zehn Jahren wurde er zum Waisenkind. Gustav Werner, hinausgeworfener Württembergischer Pfarrer, bekam das Schicksal der Maybach-Kinder nach einem Vortragsabend im Stuttgarter Bildungsbürgertum zu Ohren. Eine Dame der Gesellschaft erzählte ihm das Problem. Und Gustav Werner handelte. Er brachte die Kinder unter; den kleinen Wilhelm nahm er mit ins Bruderhaus nach Reutlingen. Schon bald erkannte er die technische Begabung des Jungen und förderte ihn sogar aus seiner Privatschatulle. Er ließ ihn auf eigene Kosten Französisch und Englisch lernen. Die Ausbilder im Bruderhaus wollten aus Wilhelm einen Bäcker machen, Gustav Werner entschied anders und ermöglichte ihm die Ausbildung zum technischen Zeichner in der

Maschinenfabrik des Bruderhauses. Wilhelm Maybach war ihm sein Leben lang dankbar dafür.

In der Maschinenfabrik lernte er den zwölf Jahre älteren Gottlieb Daimler kennen, der ab 1865 die Maschinenfabrik leitete. Auch dieser erkannte die technische Begabung Maybachs und machte sie für sich nutzbar. 1869 wechselte Daimler nach Karlsruhe und Maybach folgte ihm nach. Von dort ging es nach Köln zu Deutz und schließlich nach Cannstatt. Maybach folgte ihm immer. Während Daimler immer den Motor im Vordergrund der Entwicklung sah, tüftelte Maybach nicht nur am Motor, sondern auch an dessen Anwendung. Die Patente, die mit der Erfindung des Automobils folgten, trugen stets den Namen Daimler, auch wenn die meisten technischen Neuerungen von Maybach entwickelt wurden. So erfand er den ersten Stahlrohrrahmen, den ersten V-Motor, das notwendige Zahnradgetriebe und den Wasserkühler, den Lastwagen und das Feuerwehrauto mit Motorspritze. Maybach baute auch den ersten Sechszylinder: alles Daimler-Patente und Maybach-Erfindungen zugleich.

1897 lernte Maybach den österreich-ungarischen Generalkonsul in Nizza, Emil Jellinek, kennen. Der begeisterte Autofah-

rer und Marketingstratege wollte einen Rennwagen neuen Stils und gab ihm den Namen seiner Tochter:»Mercedes«. Maybach entwickelte ihn, Bosch lieferte die Zündung, Daimler verkaufte ihn. Der Siegeszug einer Weltmarke begann.

1908 kam es in Echterdingen zur großen Katastrophe: Das Zeppelin-Luftschiff zerschellte. Zeppelin war pleite und das ganze deutsche Volk sammelte Geld für den Grafen. 1907 hatten sich Maybach und der Graf kennengelernt. In Bissingen an der Enz wurde von beiden die Luftfahrt-Motoren-Gesellschaft (LMG) gegründet, die schon bald nach Friedrichshafen umzog. Wilhelm Maybach entwickelte zusammen mit seinem Sohn Karl die starken Motoren, die zugleich leicht genug sein mussten, um die»Fliegenden Zigarren«des Grafen in der Luft zu bewegen – auch bei starken Winden. Wilhelm Maybach hatte schon bald viel Zeit dazu. Während die Franzosen ihn bewunderten, flog er aus der Fabrik in Untertürkheim hinaus – der Prophet im eigenen Land galt auch damals schon nichts. Die Kaufleute und Aktienbesitzer (shareholder-value hieß damals wie heute das Zauberwort) hatten die Macht übernommen.

Auf seine alten Tage beriet er seinen Sohn Karl, der ab 1921 begann, die Zeppelinmotoren anders zu übersetzen und in Autos einzubauen. Das berühmteste Auto der Welt wurde der DS 8»Zeppelin«– daneben war ein Rolls-Royce ein aufgemotzter Trabi. 1929, kurz vor seinem Tod, erlebte Wilhelm Maybach noch die Berichte von der triumphalen Weltumfahrung des Luftschiffs LZ 127»Graf Zeppelin«, angetrieben von fünf Maybach-Motoren.

»Keiner darf verloren gehen«heißt der alte Wahlspruch des christlichen Jugenddorfes. Der Spruch hätte von Gustav Werner stammen können. So bekam durch das diakonische Handeln Gustav Werners der kleine Waisenjunge Wilhelm eine echte Lebenschance. Die hat er genutzt und mit seinen Erfindungen die Welt verändert, auch wenn andere den Ruhm dafür einsteckten.

Mir gebet nix! Und wenn, dann helenga

[mɐ gɛbɛt niks! ond vɛn, dan hɛlɛngɛ]

Über die Wohltätigkeit der Schwaben

Von wegen »M'r gebet nix!« oder gar »Schwaben sind gei-zig!«. Zugegeben, weil es keine Bodenschätze gibt, war Schwaben bis ins letzte Jahrhundert ein armes Land. Die Armut der Bevölkerung und die Kargheit des Bodens wurde durch den Pietismus, in Liedern wie »Hindurch, Hindurch, durchs irdische Jammertal«, noch religiös »erhöht«. Aber wenn es darum geht, für eine gute Sache Geld auszugeben, verblassen alle Vorurteile über die Schwaben. Da sind wir so freigebig, wie uns das keiner je zugetraut hätte. Notfalls geben wir halt »helenga«.

Davon wissen nicht nur die Missionswerke und Evangelisa-tionen bis hinauf nach Wetzlar, sondern auch viele diakonische Einrichtungen. Das gilt auch für weltliche Werke, wie das DRK. Nicht zu vergessen Service-Clubs wie Lions, Rotary, Round Table und Kiwani, die es sich zum Hobby machen, kulturelle Veranstaltungen auf die Füße zu stellen, deren Reinerlös dann wieder Bedürftigen und deren Einrichtungen zu Gute kommen. Eine Idee, die aus Amerika stammt, wo das staatliche soziale Netz sehr dünn und ein Gemeinwesen deshalb auf die Wohltä-tigkeit seiner Bürger angewiesen ist. In einer Zeit, in der das staatliche soziale Netz bei uns immer weniger finanzierbar ist, wird es Zeit, sich mit solchen Finanzierungsquellen verstärkt zu beschäftigen.

In den USA und in England gehören dazu auch die Stiftungen. Wer aber nun glaubt, dass auch diese eine angelsächsische Erfindung sind, irrt. Auch bei den Stiftungsgedanken hatten die Schwaben ein Wörtchen mitzureden.

Mit die Ersten, die diesen Gedanken umsetzten, waren im 16. Jahrhundert die Fugger aus Augsburg, welche mit der Stiftung der »Fuggerei« einen Grundstock für Altenwohnungen und Altersfürsorge schufen. Einen weiteren Meilenstein in der Entwicklung wohltätiger Organisationen legte der schwäbische Tüftler und Schriftsteller Max Eyth. 1836 in Kirchheim/Teck geboren, musste der junge Ingenieur ins Ausland, weil es in Württemberg keine Entwicklungsmöglichkeiten gab. Er entwickelte für Fowler in England den Dampfpflug und grub mit diesen »Dinosauriern der Technikgeschichte« das Nildelta für die Baumwolle, die halbe Ukraine für den Weizen, Kuba für den Zuckerrohranbau und die Oder-Neiße Gebiete für die preußischen Kornkammern um. Doch seine Heimat vergaß er nie. So gründete er mit seinem Vermögen 1884 die Deutsche Landwirtschaftsgesellschaft DLG, die es sich zum Ziel machte, den technischen Fortschritt in bezahlbarer Form auf die deutschen Bauernhöfe zu bringen. Mit 16.000 Mitgliedern versucht sie heute noch, wissenschaftliche Erkenntnisse für die Landwirtschaft in die Praxis umzusetzen.

Ein anderer, der gezeigt hat, wie es gehen kann, war Ferdinand von Steinbeis. 1807 wurde er im Pfarrhaus in Ölbronn bei Maulbronn geboren. Er lernte im Wasseralfinger Hüttenwerk und studierte in Tübingen Naturwissenschaften. Als er 1842 Generaldirektor der Stumm'schen Eisenwerke wurde, begann er sich um die Förderung seiner Arbeiter zu kümmern. Er richtete eine Hilfskasse sowie eine Invalidenkasse für seine Arbeiter ein. Er stellte einen Werksarzt ein, baute eine Werksküche und schuf eine Darlehenskasse für die Finanzierung von Eigenheimen seiner Mitarbeiter. 1848 schuf er die »Zentralstelle für Gewerbe und Handel«. Bis heute gilt er als der »Vater« der gewerblichen Ausbildung in Württemberg. In Blaubeuren (1852) und Reutlingen (1855) errichtete er die ersten Webschulen Deutschlands. Ebenfalls in Reutlingen wurde 1868 die erste Frauenarbeitsschule Deutschlands gegründet. So trägt die 1971 gegründete Steinbeis-Stiftung für Wirtschaftsförderung mit Recht seinen Namen. Den Zielen des wirtschaftsfördernden Pfarrersohns fühlen sich die Geldgeber der Steinbeis-Stiftung heute noch verpflichtet.

Sein Geld nicht den eigenen Nachkommen oder irgendwelchen anonymen Aktionären zu vermachen, fühlte sich auch Robert Bosch verpflichtet. Vor dem Ausbruch eines Weltkrieges hat der Feuerbacher Unternehmer oft gewarnt. Als dann der Erste Weltkrieg ausbrach, legte er sich fest:»Ich will durch diesen Krieg um keinen Pfennig reicher werden.« Er sollte Wort halten. Er stiftete Millionenbeträge – allein zur Schiffbarmachung des Neckars gab er 13 Millionen Reichsmark. Seine weitere Stiftungstätigkeit umfasste Bildung, Wohlfahrtspflege und Gesundheitswesen. Daraus entstand die Idee, das gesamte Gesellschaftskapital in eine gemeinnützige Stiftung einzubringen: So wurde die Robert Bosch Stiftung geboren, die bis heute die erwirtschaftete Dividende des Konzerns für gemeinnützige Zwecke einsetzt. Was nur wenige wissen: Die Robert-Bosch-Stiftung finanziert auch Qualifizierungsprogramme von Lehr- und Leitungskräften in der Pflege.

Der einst reichste Mann der Welt, John Rockefeller, soll gesagt haben:»Ich finanziere meinen Kindern die beste Ausbildung der Welt, dann sollen sie ihr Leben gestalten und ihren Unterhalt selber verdienen. Von mir erben sie nichts.« Auch er brachte sein Geld in Stiftungen ein. So gesehen, war Rockefeller fast ein Schwabe. Denn der Weg ist richtig und zur Nachahmung nur empfohlen.

Des wär a echte Schwäbin g'wä

[dəs vɛr ɐ ɛchtɐ schv:ɛbin gv:ɛ]

Die Evangelische Hotel GmbH der »Lutherin« Katharina von Bora

Über berühmte und weniger berühmte Schwäbinnen wurde bereits berichtet. Dass jedoch auch andere Frauen, sogar wenn sie nicht aus Württemberg stammen, einen gehörigen Einfluss auf die Zeitläufte hatten, zeigt das folgende Beispiel einer Frau, deren Geschichte mich tief beeindruckt und auch beeinflusst hat. Aus diesem Grund soll und kann sie hier nicht unerwähnt bleiben.

Für die einen war sie der Hausdrachen des Reformators, die »Xanthippe der Reformation«, für die anderen die weibliche Lichtgestalt im Hause Martin Luthers, Gründerin und Vorbild von Generationen von evangelischen Pfarrfrauen – Katharina von Bora, »die Lutherin«. Am 29. Januar 1499 wurde sie in Lippendorf geboren, am 20. Dezember 1552 starb sie in Torgau an den Folgen eines schweren Unfalls. Ihre letzten Jahre verbrachte sie auf Wanderschaft wie eine Verbannte, von allen Freunden verlassen. Sie war eine außergewöhnliche Frau, die schon zu Lebzeiten Anstoß erregte. Doch war sie weder die »Xanthippe der Reformation«, wie übelmeinende Lutheraner der zweiten und dritten Generation kolportierten (ganz zu schweigen von den Verdächtigungen unterhalb der Gürtellinie, die von papistischen Gegnern Luthers in der Zeit der Reformation und Gegenreformation ausgingen). Noch war sie die Begründerin eines evangelischen Pfarrfrauenideals als einer Art »Heimchen am Herd« mit gehobener Bildung, wie sie das 19. Jahrhundert so gern zeichnete.

Sie war deshalb eine außergewöhnliche Frau, weil sie alles zusammen war: mitfühlende Mutter, Managerin eines Bildungszentrums mit angeschlossenem Hotel, Gärtnerin, Viehzüchterin, Bierbrauerin, Kauffrau sowie Bankerin. Darüber hinaus war sie auch treusorgende Ehefrau eines gelegentlich cholerischen, gelegentlich depressiven Dickkopfes, der es mit der ganzen Welt aufnahm, die halbe Welt umkrempelte und dabei täglich an den Alltagsproblemen einer Familie scheiterte. Katharina von Bora, Tochter aus verarmtem sächsischem Landadel, kam 1508 ins Nonnenkloster zu Nimbschen. Ob sie dorthin wollte, wurde sie nicht gefragt. Nonnenklöster dienten dem verarmten Landadel dazu, Töchter unterzubringen und zu versorgen. Das ersparte Mitgiftprobleme und Erbstreitereien. Im Kloster wurden auch die ersten Schriften Luthers gelesen und der Gedanke zur Flucht reifte bei ihr und anderen Nonnen. In einem Versorgungswagen mit leeren Heringsfässern gelang ihr und anderen Nonnen die Flucht. Sie zogen 1523 nach Wittenberg, wo Luther sie alle aufnahm und in den Häusern seiner Freunde und Anhänger versorgte. Katharina kam unter anderem im Hause von Lukas Cranach unter, dem Maler der Reformation.

Ehe als Versorgungsinstitut

Luther musste sie versorgen und das hieß damals, dass er sie verheiraten musste. Als Ehevermittler war er recht erfolgreich, nur Katharina wurde er nicht los. Sie war zwar in einen Theologiestudenten aus reichem Nürnberger Patriziergeschlecht verliebt, doch als der Schwiegervater in spe von der Liebe seines Sohnes erfuhr, ging er dazwischen und bestellte den Herrn Sohn nach Nürnberg zurück. Als Luther darüber klagte, erwiderte sie ihm, dass sie sich auch vorstellen könne, Luthers Frau zu werden. Luther nahm an – verblüfft, wie er später gestand –

und so heirateten die beiden am 13. Juni 1525, dem Jahr, in dem der Bauernkrieg tobte. Melanchthon war entsetzt, nicht nur wegen dem als unschicklich empfundenen Datum – immerhin wurden gerade die Bauern zu Tausenden getötet –, sondern auch wegen Luthers Wahl. Ihm gefiel Katharina nicht, sie war ihm zu stolz, zu eigensinnig und er fürchtete ihren Einfluss auf den Freund und Reformator. Gegner und Freunde sahen das anders. Papisten verfassten zotige Flugblätter über den Mönch und die »entlaufene« Nonne. Dagegen war Erasmus von Rotterdam froh und atmete auf: »Luther fängt jetzt an, milder zu werden, und wütet nicht mehr so mit der Schreibfeder; nichts ist so wild, daß es nicht beim Weibchen zahm würde.« Sie alle haben sich getäuscht.

Katharina brachte erst einmal Luthers Leben im »Schwarzen Kloster«, einem ehemaligen Augustinerkloster, auf Vordermann. Bereits wenige Wochen nach der Hochzeit vermerkt der Kämmerer der Stadt Wittenberg eine große Rechnung für Kalk und Lehm für das Haus der Eheleute Luther. Katharina ließ damit die Wände ausbessern und alles frisch anstreichen. Das Kloster war zu diesem Zeitpunkt verwahrlost, das Inventar gestohlen. Luther gestand seiner neuen Frau, dass er über ein Jahr lang seine Strohmatte im Schlafzimmer nicht mehr aufgeschüttelt, geschweige denn gewechselt hatte. Katharina übernahm das Regiment, nicht nur im Schlafzimmer, sondern auch über Haus und Hof, Ställe und Zimmer, Bankkonten und Schuldentilgung.

Obwohl Luther ein hohes Einkommen als Theologieprofessor erhielt (er war neben Melanchthon der Spitzenverdiener in Wittenberg), hatte er nie Geld. Er konnte mit Geld nicht umgehen. Täglich kamen Bettler und Hilfesuchende. Luther war sehr großzügig. Oft musste Katharina die beiden Hochzeitskelche, welche sie zu ihrer Hochzeit vom Kurfürsten geschenkt bekommen haben, im Pfandhaus einlösen, um Bargeld im Haus zu haben. Natürlich führte das zu regelmäßigem Ehekrach.

Die Wittenberger Hotel GmbH

Katharina begann zu wirtschaften. Luther war sprachlos. Sie machte aus dem Mönchsfriedhof im Kloster einen Kräutergarten, verwandelte das Sockelgeschoss in einen Schweinestall, und ließ das Backhaus neu herrichten. Sie drängte Luther dazu, den angrenzenden Garten zu kaufen, mitsamt Bach, Teich und Fischereirechten. Sie bettelte und weinte so lange, bis er endlich zustimmte. Als Frau konnte sie in der damaligen Gesellschaft nicht selbständig Verträge abschließen, dazu brauchte sie Ehemann oder Vormund. Erst als der Fischteich 1533 zum ersten Mal abgefischt wurde und Martin Luther zwischen Barschen, Welsen, Karpfen und Zandern wählen konnte, war er mit dem Kauf zufrieden. Da auf dem alten Kloster ein Braurecht lag, begann Katharina auch damit Bier zu brauen. Luther liebte es als Nachttrunk so sehr, dass er einmal aus der Coburg schrieb, als er dort wegen Verhandlungen monatelang weilte, sie möge ihm doch ein Fässchen davon zukommen lassen.

Luther kaufte für seine »Käthe«, die er wegen ihrer Managerqualitäten scherzhaft »Herr Käthe« nannte, mehrere Gärten und Güter, auf denen sie Viehzucht und Obstanbau betreiben konnte. 1544 kaufte er ihr auf ihr Drängen hin einen Weinberg, mit dessen Ertrag sie Essig und süßen Mostrich erzeugte. Sogar einen Hopfengarten musste er für sie kaufen.

Die Luthers hatten sechs eigene Kinder und elf, die sie aus der verarmten oder verwitweten Verwandtschaft aufnahmen. Dazu kamen Knechte und Mägde, Gäste und Studenten. Von einem mittelalterlichen Professor wurde erwartet, dass er eine eigene »Burse« hat. Auch Luther hielt sich daran – bald war jedes Zimmer im Kloster bewohnt. Und alle mussten versorgt und beköstigt werden. Historiker schätzen den täglichen Tisch in Luthers Haus auf durchschnittlich 40 Personen. Katharina organisierte alles. Sie trieb auch das Geld ein, denn mancher Kostgänger war zwar eifrig an Luthers Theologie interessiert, nicht jedoch daran, für Kost und Logis zu bezahlen. Hier war sie unerbittlich und oft mehr als besorgt über die überaus großzügige Freigebigkeit des Reformators. Wenn sie diese Sorgen zum Ausdruck brachte, fing Luther immer an über die große Güte und Freigebigkeit des Himmels zu theologisieren.

Abends saßen alle zu Tisch und nach der Mahlzeit schwadronierte Luther über Gott und die Welt. Seine Studenten schrieben alles auf und brachten es zum nächsten Drucker, der sich an »Luthers Tischreden« eine goldene Nase verdiente. Katharina sah das mit Missfallen und stellte ihren Doktor der Theologie oft zur Rede, was dieser zum Anlass nahm, bei nächster Gelegenheit in seinen Tischreden deftige Anmerkungen zum Wesen der Frau zum Besten zu geben – was heute immer noch gern von Patriarchen zitiert wird, die nichts begriffen haben und nichts dazulernen wollen. So polterte Luther zu Tisch, dass eine Frau, die von ihrem Haushalt spricht, sogar einen Cicero an Beredsamkeit überträfe. Wenn nur nicht immer der langen Reden kurzer und trauriger Inhalt lautete: »Gib Geld!« Zudem hätten die Weiber noch eine schärfere Waffe als die Zunge, nämlich die Tränen. Was sie mit Reden nämlich nicht erreichen könnten, erlangten sie durch das Weinen. Obwohl diese Sätze bereits 1530 gesprochen wurden, werden sie noch immer gern von Chauvinisten zitiert.

Mutter und Ehefrau

Von Katharina ist nur ein einziger persönlicher Brief erhalten geblieben – an eine Verwandte. Ansonsten haben nur Bestellungen, Reklamationen betreffs Lieferungen und Rechnungen die Zeit überdauert. Aber Luthers Briefe an sie sind erhalten geblieben und erlauben einen Rückschluss auf ihr Engagement als Mutter und Ehefrau. Durch sie wird das Bild einer treusorgenden Mutter deutlich. Neben der Managerin der Wittenberger Hotel GmbH wird eine Frau sichtbar, die sich ihrer Kinder sorgend annimmt, sich um Bildung und Ausbildung sowie um Studienplätze kümmert, über den Tod der Tochter Lenchen fast nicht hinwegkommt und mit viel Wärme die eigene Familie pflegt. Abends, wenn Luther am Schreibtisch in einer völlig unaufgeräumten Studierstube arbeitet (das einzige Zimmer im Kloster übrigens, das sie nicht managt, aufräumt und verwaltet), sitzt sie neben ihm, ihren Spinnstock in Bewegung, und berichtet dem rastlos Tätigen, was so los ist in der Familie und in der Stadt. Nebenbei bespricht sie noch mit ihm, was er da schreibt und was ihn bewegt.

Leben wie in der Verbannung

1542, vier Jahre vor seinem Tod, schreibt Luther sein Testament und bittet seine Freunde, sich um seine Frau und seine Kinder zu kümmern. Er ahnt wohl, was kommen könnte. Eine Witwe kann rechtlich nicht selbständig auftreten. Sie braucht einen Vormund. Er bestimmt Melanchthon und andere Freunde zum Vormund für Katharina und seine Kinder. Aber das passte dem Kanzler Brück nicht. Dieser schrieb an seinen Kurfürsten ein Gutachten, in dem er dringend davon abriet, Melanchthon zum Vormund zu bestimmen, denn er wäre, so Brück, »wenig dazu geeignet, wenn es not täte, der Frau Käthe auch einmal Widerstand zu leisten«. Das ist ein Zeugnis über Melanchthon und Katharina.

Nach Luthers Tod 1546 erbt Katharina zwar das gemeinsame Vermögen. Aber die Pest und der ausbrechende Schmalkaldische Krieg verwüsten Wittenberg und ihre Besitztümer. In der Folge musste sie Wittenberg mehrmals verlassen, um sich zu retten. Um die Landwirtschaft wieder aufzubauen, machte sie Schulden, die sie nur durch den Verkauf der Gärten und Güter wieder tilgen konnte. Über ihre Vormünder führte sie Prozesse bis nach Braunschweig, um ihren Besitz zu retten, denn Verwandte und Nachbarn machten Ansprüche geltend. Auf der

Flucht vor Pest und Krieg reisten sie und ihre Kinder im Lande umher, immer weniger Freunde nahmen sie auf und wollten etwas von ihr wissen. Das »Schwarze Kloster« musste sie verkaufen und oft halfen nur Geldgeschenke von Christian III, des Königs von Dänemark, um den täglichen Überlebenskampf zu bestehen. Die lutherischen Freunde ließen sie im Stich, die ehemaligen Tischgenossen verhöhnten sie bereits zu Lebzeiten. Doch sie kämpfte unverdrossen für ihr Recht und die Zukunft ihrer Kinder.

Auf einer erneuten Flucht vor der Pest fuhr sie 1552 nach Torgau als ihre Pferde scheuten. Um ihre Kinder zu schützen, sprang sie vom Wagen, schlug auf dem harten Boden auf und rollte in einen Wassergraben hinein. Bei diesem Sturz zog sie sich eine Lähmung und eine Erkältung zu, von der sie sich nicht mehr erholen sollte. Am 20. Dezember starb Katharina von Bora und wurde in Torgau beigesetzt – unter großer Anteilnahme der lutherischen Freunde, die in den letzten Jahren ihres Lebens nichts mehr von ihr wissen wollten.

Was bleibt?

Was die Zeitgenossen über sie dachten, ist nicht überliefert. In einem Buch über die Eheleute Luther aus dem 19. Jahrhunderts heißt es jedoch: »Der gewaltige Doktor Martinus, dessen Geist in uns lebt, hätte ja keiner Katharina von Bora bedurft, um die weltgeschichtliche Persönlichkeit zu werden, die er ist; aber der liebe Herr Doktor, an dessen treuem deutschen Gemüte wir uns erfreuen, ist ohne seine Käthe undenkbar.« Dazu kann man aus heutiger Sicht nur kopfschüttelnd anmerken: Ohne Katharina von Bora wäre der Reformator von 1517 im Chaos des Alltags versunken und die lutherische Reformation nach 1525 nicht weitergekommen. Aber dieses Denkmal ist Katharina von Bora niemals gesetzt worden.

Feuerbach isch a wuseligs Dorf blieba

[feɐbaːch isch ɐ vuːzligs dorf bliːbɐ]

Typisch schwäbisch eben –
Wo ich wohne

Nein, ein »Feuerbächer« kann ich niemals werden. Obwohl ich schon 19 Jahre in Feuerbach lebe. Denn dazu müsste meine Familie mindestens seit drei Generationen hier verwurzelt sein. Weil sie das nicht ist, wird es allenfalls zum »Feuerbacher« reichen. Das aber zählt im Tal des Feuerbachs, der wegen seines natürlichen Gefälles ideal zur Anlage von Mühlen aller Art war und somit Platz und Gelegenheit zur frühen Industrialisierung bot, schon eine Menge. Wenigstens ist man dann kein »S'tuogarter«, der halt im Industrievorort lebt. Genau dieser Geist lebt hier noch und man kann ihn mindestens alljährlich neu erleben, wenn man zum Feuerbacher Zentralheiligtum strebt – zum traditionellen »Kelterfest«.

Da erzählen einem die alten Feuerbächer, wie es damals war, zu Beginn der 30er Jahren, als man hier seinen ganzen Stolz überwand und versuchte mit den Zuffenhausenern zusammen eine Großgemeinde zu bilden, um ja nicht nach Stuttgart eingemeindet werden zu können. Mit den »Weilimdörfern« hat das ja auch geklappt. Nur mit den Zuffenhäusern nicht. Die Nazis haben sich nicht darum gekümmert und mit einem Strich aus Feuerbächern Stuttgarter gemacht. Da musste sogar die heiß geliebte Feuerbacher Straßenbahn (nur die Linie 13 erinnert noch an die alte Herrlichkeit) mit ihrem weißen Anstrich und dem roten Zierstreifen in das Stuttgarter »Soichgelb« umlackiert werden (ausgerechnet im Stuttgarter Straßenbahnmuseum steht noch ein alter Feuerbacher Wagen in restaurierter Originallackierung).

Beim Kelterfest gibt es den »Feuerbacher Berg« zu trinken, von dem böse Stuttgarter Zungen behaupten, er sei nur mit erhöhtem Lokalpatriotismus zu genießen. Völliger Blödsinn natürlich, denn der »Feuerbacher Berg« bekommt jede Menge Südsonne – außerdem gönnen ihn die Feuerbächer sowieso niemand anderem. Davon erzählen auch die Geschichten aus Besenwirtschaften, in denen der »Feuerbacher Berg« ausgeschenkt wird.

Besenwirtschaften, die inmitten einer Industrielandschaft liegen, die ihresgleichen sucht. Denn in Feuerbach gab es noch vor wenigen Jahren doppelt so viele Arbeitsplätze wie Einwohner. Was dann auch die vielen Autos erklärt, die hier jeden Morgen hereindrücken, um abends wieder zu verschwinden. Der Tunnel für die B 295 war dann auch ein richtiger Segen, obwohl das viele heute noch nicht wahrhaben wollen. Vermutlich weil sie auf eine völlige Verkehrsberuhigung gehofft hatten. Aber die intimen Kenner der Feuerbacher Schleichwege, um zum Beispiel den Pragsattel zu umfahren, lassen eben nicht von ihrem Insiderwissen.

Darüber lässt sich trefflich in den Besenwirtschaften diskutieren. Allerdings nicht in meiner. Denn hier sorgen Karin Turba und Jürgen Krug dafür, dass zum Diskutieren kaum Zeit bleibt. Die beiden betreiben hier den »Kulturbesen«. Zum Feuerbacher Wein gibt es immer ein Kleinkunstprogramm, das es in sich hat. Matthias Richling hat hier in Stuttgart einst angefangen. Der Zauberer Doktor Marrax mit seinem Wundermittel »Marraxofax« wohnt gleich um die Ecke, die »Phoenix String Band« schaut sogar aus Zuffenhausen regelmäßig vorbei, »Draparadradra« feiert mit ihren tiefen Einblicken in die schwäbische Seele hier immer wieder Triumphe. Othmar Traber mit seinem Programm »Am Anfang war der Bausparvertrag - Ich baue, also bin ich« hätte mich vor Lachen von der Eckbank kippen lassen, wenn es nicht so eng gewesen wäre.

Im Sommer – wenn keine Besenwirtschaften offen haben – kommt dann immer ein neues Glanzlicht hinzu. Im alten Maschinenhaus der Roser'schen Fabrik, einer ehemaligen Gerberei, hat inmitten des neuen Roser-Areals die Erlebnisbrauerei Wichtel einen Biergarten eröffnet. Sage niemand, inmitten eines alten Industriestandortes gäbe es keine Lebensqualität. Die gibt es auch im religiösen Bereich. In der altehrwürdigen Stadtkirche feierte Helga Hoffmann kirchenmusikalische Triumphe, heute steht ihre Nachfolgerin Christine Marx für exzellente Kirchenmusik. In der katholischen St. Josephs Kirche hat der Kirchenchor von Detlef Dörner steten Zulauf, die Föhrichkirche kündigt mit ihrem Holzbau noch immer vom Pioniercharme in einer Arbeitersiedlung, die Lutherkirche – mitten im Einkaufszentrum und unter einem Altenwohnheim gebaut – ist geprägt von Berliner Ideen einer »Ladenkirche« aus den bewegten 70er Jahren kirchlicher Aufbruchsstimmung. Fast amerikanisch geht es in Stuttgarts größtem Kirchenbau in der Nähe des Pragsattels zu – hier hat die Biblische Glaubensgemeinschaft einen großen Saal allein durch Spendengelder gebaut. Kaum einer weiß, dass der Deutschlandsitz der konservativen katholischen Lefebvre-Bewegung mitsamt Priesterseminar gleich hinter dem Feuerbacher Bahnhof liegt. Weil eine katholische Kirche nur im Stil des Barock gebaut werden kann, so die Anhänger der Bewegung, entstand dort die Kopie einer Barockkirche aus dem 17. Jahrhundert – in reinstem Stahlbeton. Die Messen darin sind natürlich nur in Latein zu feiern. Die jungen Priesterkandidaten wiederum fallen im Stadtbild durch ihre römische Soutane auf. Weiter findet sich in Feuerbach auch Stuttgarts größte Moschee. Irgendwie ist sie mit den vielen türkischen Läden drum herum »schwäbisch« integriert. Außerdem spielt seit wenigen Jahren regelmäßig der Sportverein der jüdischen Kultusgemeinde auf dem Feuerbacher Fußballplatz. Religiöses Leben hat in Feuerbach also seinen festen Platz. Der hohe Ausländeranteil macht aus Feuerbach fast eine multikulturelle Gemeinde. Thailändisch Essen? Kein Problem. Griechisch, chinesisch, türkisch, italienisch – sowieso nicht. Seit neuestem wird auch finnisch gekocht und genossen. Kein Wunder, dass da die Orte, wo es einen echten schwäbischen Rostbraten und einen »schlonzigen Kartoffelsalat« gibt, wie Geheimtipps gehandelt werden (nicht weitersagen: im »Mögle«). Auf meinen griechischen Gemüsehändler lasse ich nichts kommen. Geschäfte gibt es jede Menge, auch wenn in der Haupteinkaufsmeile von Feuerbach, der Stuttgarter Straße, so langsam eine echte Strukturkrise hereinbricht. Denn der obere Teil verliert zunehmend an Attraktivität. Aber darüber wird nun endlich diskutiert und gestritten. Das zeigt, wie lebendig es im Stadtteil zugeht.

Blickt man vom Killesberg herunter, besonders vom »Schlaich-Tower« aus Draht, sieht man als erstes die Industrieanlagen. Die Firma Bosch prägt das Gelände Richtung Bahnhof und gibt erst langsam den Blick auf die anderen Industrieanlagen frei. Dabei arbeiten hier auch viele kleine und mittlere Betriebe. Wer weiß schon, dass in Feuerbach einer der berühmtesten Restauratoren von Oldtimern seine Hinterhofwerkstatt hat? Prächtige Glanzstücke alter Autos finden sich aber auch in einigen unscheinbaren Garagen, die bei strahlendem Sonnenschein gelegentlich geöffnet werden, sodass die Oldtimer herausgefahren werden können. Feuerbächer sind eben »helenga« reich.

Zu Feuerbach gehört aber auch, dass sich in aufeinandergeschichteten Wohncontainern Stuttgarts größtes Flüchtlingslager befand. Von ehrenamtlich tätigen Feuerbachern in lobenswerter Weise mit betreut. Als vor der Wende die DDR-Flüchtlinge aus der Prager Botschaft ausreisen durften und damit den

Untergang der DDR ankündigten, kamen sie in Sonderzügen nach Feuerbach, wo sie im Waldheim »Feuerbacher Täle« eine erste Unterkunft fanden und versorgt wurden.

Ein Kleinod hält Feuerbach auch verborgen: die Elsenhansstraße. Die Straße ist nichts besonderes, der Name macht es: Johannes Elsenhans war »Schultes« (also Bürgermeister) in Feuerbach. Sein Sohn Johannes, württembergischer Pfarrer, beteiligte sich 1848 an der Revolution und saß dafür achtzehn Monate auf Schwabens höchstem Berg, dem Asperg – auch »Demokratenbuckel« genannt. In der dortigen Festung saßen traditionsgemäß die schwäbischen Aufrührer ein, so zum Beispiel auch der Dichter Christian Friedrich Daniel Schubart. Der Asperg gilt übrigens deshalb als der höchste Berg in Schwaben, weil es sehr lange dauert kann, bis man von dort wieder herunterkommt.

Noch härter traf es nun Johannes Bruder Ernst Elsenhans. Er war Journalist und schloss sich der Revolution in Baden an. In der von preußischen Truppen eingeschlossenen Festung Rastatt brachte er die tägliche Zeitung heraus. Die Preußen hassten ihn so sehr, dass sie ihn als Top-Terroristen auf ihren Listen führten und 1849, nachdem sie Rastatt erstürmt hatten, auch als ersten standrechtlich erschossen. Man muss sich das mal auf der Zunge zergehen lassen, wenn dieser Vergleich erlaubt ist: Der meist gesuchte Revolutionär in Baden war ein Schwabe aus Feuerbach.

Feuerbach – das ist Industrie, Wein und Wald. Seine Schätze liegen im Verborgenen. Wer es nur vom Durchfahren kennt, möchte hier niemals leben. Wer hier Wurzeln geschlagen hat, möchte nicht mehr weg. Als ich meinen Kindern vorschlug, mal über einen Umzug an einen anderen Ort nachzudenken, die Mieten stiegen immer höher, löste ich einen Sturm der Entrüstung aus. Seither weiß ich wie Revolutionen entstehen.